LK 488

DE
L'ESCLAVAGE COLONIAL,

PAR

M. CARNOT,

MEMBRE DE LA CHAMBRE DES DÉPUTÉS.

EXTRAIT DE LA REVUE INDÉPENDANTE.

PARIS,

AU BUREAU DE LA REVUE INDÉPENDANTE,
RUE RICHELIEU, 63.

1845

DE LA

RÉSONNANCE COMMERCIALE

PAR

M. CARNOT,

MEMBRE DE LA SOCIÉTÉ [...]

EXTRAIT DE LA REVUE INDÉPENDANTE.

PARIS,

AU BUREAU DE LA REVUE INDÉPENDANTE,
RUE DE SEINE, 17.

PARIS. — IMPRIMERIE DE SCHNEIDER ET LANGRAND,
rue d'Erfurth, 1, près l'Abbaye.

— La question de la servitude coloniale est à l'ordre du jour dans tous les pays civilisés.

L'Angleterre vient d'accomplir l'émancipation de ses esclaves africains ; elle semble vouloir entreprendre celle de ses esclaves asiatiques. On exagère à dessein les difficultés qu'elle a rencontrées, les écueils qu'elle n'a point évités. Il faut mettre aux premiers rangs la résistance des colons à toute mesure préparatoire, et la dispersion des fonds d'indemnité. Cinq cents millions consacrés à développer l'exploitation coloniale eussent été un immense bienfait ; cinq cents millions ont été employés à des dépenses individuelles. Cependant les colonies anglaises se relèvent peu à peu d'une perturbation momentanée, et bientôt le travail libre y sera plus lucratif pour le propriétaire lui-même que ne fut jamais le travail esclave. Sous le rapport moral, le succès obtenu dès aujourd'hui n'est point contesté.

Lorsque des moyens aussi imparfaits ont atteint le but, lorsqu'on peut profiter des leçons d'une telle expérience, on a droit de tout espérer, et l'hésitation n'est point permise.

Le congrès américain avait dans son règlement un article qui lui prescrivait d'écarter sans débats toute pétition relative à l'esclavage.

Cet article a été supprimé le 3 décembre 1844, sur la proposition de M. John Quincy Adams, et quelques jours après, le même membre a fait admettre une pétition abolitioniste. Les Etats où la servitude est maintenue contiennent, d'après le recensement de 1840, une population de 4,651,000 âmes; ceux où elle n'existe plus en comptent le double (9,557,000). Politiquement, ils étaient naguère égaux (13 contre 13). L'acte du congrès qui érige en État le territoire d'Yowa (comme ayant justifié d'une population excédant 50,000 individus) donne la majorité aux provinces sans esclaves; mais l'annexion probable du Texas rétablira l'équilibre.

Un des hommes d'État de ce pays disait, en parlant de cette question : « Nous ne voulons écouter aucun raisonnement. » Il y a, en effet, de grands intérêts matériels dans un plateau de la balance ; il n'y a, dans l'autre, que des considérations morales ; et l'Amérique est un pays essentiellement calculateur. Cependant on peut affirmer que le parti de la justice et de la générosité finira par l'emporter ; la victoire définitive lui appartient toujours. Déjà deux auxiliaires puissants s'élèvent en sa faveur ; ce sont, d'une part, les corporations ecclésiastiques, de l'autre, les femmes qui commencent à former des sociétés abolitionistes.

L'Espagne a institué récemment une pénalité nouvelle contre la traite. On ne saurait en attendre de grands résultats, et des convenances politiques semblent surtout avoir inspiré le législateur. L'Espagne a cédé cette fois à la puissance de la diplomatie ; elle cédera une autre fois à celle de l'opinion publique.

En Portugal, la question s'agite depuis deux ans; deux fois un sénateur, le comte de Lavradio, a proposé l'abolition de l'esclavage dans les colonies de l'Inde. Sa motion n'a été ajournée que par quelques voix de majorité.

La Hollande s'en occupe sérieusement. La publication récente d'un recueil de renseignements sur les colonies fixe l'attention générale du pays (1).

Le Danemark n'a pas oublié qu'il a donné le premier exemple de

____

(1) *Contributions to a Knowledge of the Dutch and foreign colonies.*

l'abolition de la traite : les hommes les plus honorables et les plus influents y forment un comité pour travailler à celle de l'esclavage. Sa pétition est favorablement accueillie par les états.

Le roi de Suède fait connaître aux états de ce pays son désir d'effectuer l'émancipation, et les états y répondent par une allocation de 10,000 piastres (un peu plus de 100,000 fr.). Déjà des mesures préparatoires sont ordonnées dans l'île Saint-Barthélemy, où la propriété mobilière est instituée en faveur des esclaves.

En Russie s'opère un mouvement prononcé pour la suppression du servage ; des modifications progressives sont apportées dans la condition des serfs. La couronne fait sagement cause commune en cette occasion avec les lumières du siècle contre les résistances de la vieille oligarchie.

La France s'émeut enfin pour cette belle cause. Ne se souvient-elle pas que sa législation, la première en Europe, a prononcé l'abolition de l'esclavage colonial ? Ce fut dans une époque de passions, mais de passions grandes et généreuses, que ce principe fut proclamé, peut-être sans les précautions que nécessitait une aussi complète évolution. L'initiative de nos assemblées nationales a fait de cette question une question française ; c'est ce que nous oublions trop. N'en laissons pas usurper l'honneur par nos rivaux. Qu'il leur suffise d'être parvenus avant nous à la faire passer dans le domaine de la pratique.

Après une longue période d'indifférence, il semble que notre pays se reprenne d'intérêt pour les parias de la société coloniale. Les études, les publications se multiplient, les projets se croisent, des pétitions sont adressées aux pouvoirs législatifs, non pas seulement par des hommes isolés ou par des associations philanthropiques, mais par des masses d'ouvriers.

Ce dernier fait nous frappe tout particulièrement. Il est pour nous un témoignage que le problème touche à sa solution. Dès que le sentiment religieux lui a donné son empreinte de l'autre côté de la Manche, il a fait des progrès rapides, et l'on a pu juger qu'un ajournement ne serait pas longtemps possible. Il en est ainsi parmi nous lorsqu'une question arrive à l'état politique. La démocratie s'empare légitimement de celle-ci ; elle est de son domaine ; que la démocratie la conduise à bien.

Déjà la voix de l'opinion a pénétré jusqu'au gouvernement, qui vient proposer des mesures législatives préparatoires de l'affranchissement. Le projet qui se discute annule implicitement la servitude, puisqu'il attribue à l'esclave le droit de posséder et de transmettre ; il constitue le pécule légal, avec la concession d'un jour par semaine pour le former, et règle les conditions du rachat forcé ; il pose des limites à la durée du travail exigible. Il y a là toute une réforme sociale en germe. Mais les demi-mesures ne contentent personne. Les abolitionistes réclament davantage ; les planteurs trouvent que c'est trop dès qu'on porte la moindre atteinte à l'arbitraire du maître ; les esclaves y gagneront peu, s'ils y gagnent quelque chose. Des résistances opposées rendront la pratique difficile. Peut-être verrons-nous les colons français demander eux-mêmes le terme des tiraillements, comme les colons anglais ont pris l'initiative qui fit cesser l'apprentissage dans les possessions britanniques.

C'est un sujet singulièrement difficile à traiter que celui de l'esclavage colonial ; non pas tant à cause de l'irritation qu'il soulève que par suite de l'entassement de documents contradictoires sous lesquels on s'est efforcé d'étouffer la question. L'histoire, la statistique, la morale, se livrent sur ce terrain des batailles monstrueuses. Il faut marcher avec des précautions inouïes au milieu d'un pêle-mêle de chiffres, d'assertions et de dénégations.

L'histoire : elle attribue la douloureuse tragédie de Saint-Domingue aux décrets libérateurs de la convention, tandis que le premier acte a précédé ces décrets et que le dernier a suivi l'imprudente tentative de Napoléon en 1802. Toute cette histoire repose sur des anachronismes.

La statistique : comparez les publications du gouvernement anglais, dont l'orgueil national ne veut pas avoir commis d'erreur dans ses mesures d'émancipation, avec les brochures de nos agents coloniaux, qui prétendent en faire un épouvantail, vous ne trouverez pas deux chiffres d'accord.

Les observations locales : hélas ! les témoins oculaires sont peut-être moins dignes de créance que les écrivains de cabinet ; presque tous

reviennent avec des opinions passionnées, opinions généralement con-
traires aux noirs, il faut bien le dire ; car ils n'ont eu de relations qu'a-
vec les créoles, population brillante, fastueuse, hospitalière ; avec eux
seulement ils se sont trouvés en harmonie d'intelligence et d'habitudes
européennes.

Les colons déclarent que l'abolition de la servitude est la ruine
de nos possessions transatlantiques ; ils tenaient le même langage lorsqu'on parla d'abolir la traite, lorsqu'on voulut émanciper les hommes
de couleur libres. La noblesse de 1789 disait aussi que la France serait perdue si l'on supprimait ses priviléges ; elle périt sur la brèche en
les défendant contre les irruptions du tiers état ; mais la France ne fut
pas perdue. Les colons seront plus sages, nous aimons à le croire ; ils
sauveront leurs biens et leurs personnes par de prudentes concessions.

Tandis que les passions et les intérêts militent activement pour le
maintien de l'esclavage, il est aussi favorisé par un certain genre
d'indifférence, dont un honorable député a signalé le caractère fâ-
cheux (1) : c'est celle qui attache si peu de prix aux colonies, qu'elle
ne veut faire aucun effort pour les conserver ; elle sait, elle croit que
l'émancipation en serait l'unique moyen ; mais les planteurs résistent !
qu'ils payent leur imprudence ; les nègres sauront bien se donner eux-
mêmes la liberté.

Enfin, dans cette question si délicate, il faut se tenir en garde contre ses propres sympathies politiques. Les États-Unis poursuivent l'annexion du Texas à leur territoire ; les Anglais y mettent obstacle, et
les États-Unis sont nos alliés naturels contre l'ambition britannique.
Mais l'annexion du Texas, c'est peut-être un ajournement de l'émancipation des esclaves dans l'Amérique du Nord ; mais l'annexion du
Texas, d'un autre côté, c'est peut-être un acheminement vers l'affranchissement du Canada, de cette autre province américaine dont les
habitants n'ont point oublié leur mère patrie. Si le sentiment du bien
est aussi sûr que simple, le chemin du bien ne l'est pas toujours également.

(1) Voir une série d'articles dans le *Siècle*, en octobre, novembre et décembre
1843, analysés dans l'*Abolitioniste français*, mars et avril 1844.

En présence de toutes ces difficultés, dont, sans doute, nous ne sommes pas seuls frappés, la lecture d'un travail consciencieux ne saurait être inutile : c'est ce qui nous détermine à réimprimer, avec des développements qui en doublent l'étendue, une sorte de résumé historique des questions relatives à la servitude coloniale, qui fut publié, l'année dernière, dans l'*Encyclopédie nouvelle*. (Article *Esclavage*.)

Viser à l'impartialité dans une telle discussion, ce serait, selon nous, mériter un grave reproche. Nous ne comprenons pas l'impartialité lorsqu'il s'agit de la vie physique et morale de nos semblables mise en balance avec des intérêts pécuniaires ; mais nous avons cherché à saisir un point de vue qui nous permît de ne point négliger des intérêts, respectables aussi, quoique malheureusement fondés aujourd'hui, dans la pensée de ceux qui en jouissent, sur la conservation d'une injustice. Nous avons cherché à écarter les idées de tout atermoiement, afin de les fixer sur des mesures promptes, définitives, mais prudentes, plus compatibles, selon nous, avec la sûreté, et plus favorables à l'humanité.

DE
L'ESCLAVAGE COLONIAL.

CONSIDÉRATIONS GÉNÉRALES.

Un coup d'œil sur l'état comparatif des sociétés qui peuplent notre globe nous y découvre la présence simultanée des diverses phases par lesquelles a dû successivement passer l'esclavage antique. Cette institution nous apparaît dans toutes ses nuances, depuis la côte d'Afrique, où elle remplace immédiatement les sacrifices humains, jusqu'aux sérails orientaux, où elle domine avec tout son luxe et dans le calme d'une légitimité non contestée ; jusqu'aux colonies du nouveau monde, où elle semble toucher aux crises d'une fin prochaine. Ici le christianisme et l'esprit philosophique moderne ont fait leur ouvrage : le droit de la servitude est détruit dans la conscience des maîtres ; la doctrine des deux natures humaines est descendue au rang de préjugé, et n'a plus pour soutiens que des intérêts.

L'esclavage est un fait commun à l'antiquité de tous les peuples. Ses formes seules varient. On peut, généralement parlant, le regarder comme un premier degré de l'adoucissement des mœurs publiques. Le vainqueur cesse d'égorger le vaincu ; il lui laisse la vie, à condition que cette vie sera employée à son service. L'esclave est un captif épargné.

L'esclavage se présente aussi comme un premier traité d'alliance entre les hommes de races différentes, qui jusqu'à lui s'étaient exterminés et dévorés les uns les autres.

Il peut être encore considéré comme une première organisation régulière du travail, qui dut s'introduire par la contrainte; car il est un objet de répugnance pour tous les peuples sauvages.

Enfin, c'est l'esclavage qui dispensa la femme des travaux pénibles et grossiers, auxquels elle était condamnée dans l'état de servitude domestique, antérieur à tous les autres ; et, grâce à ce progrès, la famille fut ennoblie.

Cette institution, qui déprave et déshonore aujourd'hui les sociétés qui la conservent, fut donc, dans le principe, une conquête de l'humanité sur la barbarie. On pourrait presque, dans ce sens, admettre l'axiome d'un délégué des colonies : « L'esclavage est un moyen de perfectionnement social, une initiation aux bienfaits de la civilisation (1). »

ESCLAVAGE ANCIEN.

Du droit de tuer ou d'utiliser les captifs résultait naturellement celui de les vendre ; aussi les livres les plus anciens, la Genèse aussi bien qu'Homère, parlent-ils du trafic des esclaves comme d'un usage établi de temps immémorial. « Le principal objet d'échange dans l'antiquité, c'était l'homme, » dit Heeren (2). Chypre et l'Égypte furent de bonne heure célèbres par ce genre de commerce. Les habitants de l'île de Chio, dont on a dit qu'ils l'avaient exercé les premiers, employaient beaucoup d'esclaves à l'exploitation de leurs mines, genre de travail considéré comme le plus dur et le plus humiliant de tous ; et il est à remarquer que la traite des nègres trouva également son premier prétexte dans l'exploitation des mines de l'Amérique. La piraterie fut un des moyens d'alimentation de l'esclavage antique, comme aussi de l'esclavage moderne. La piraterie pourvoyait au luxe et aux plaisirs inhumains des patriciens de Rome, comme à ceux des riches musulmans ; et c'est par elle encore que commença la dépopulation des côtes de Guinée. Mais la guerre surtout, dans les temps anciens, réduisit, tantôt à la servitude individuelle, tantôt à la servitude de race, des tribus, des peuplades entières (3). Tel fut le sort de Capoue, de Numance, de Carthage, vaincues par les Romains ; tel fut le sort des Ilotes, soumis par Lacédémone ; tel fut celui de tant de nations sur lesquelles se

(1) A. De Lacharrière, de l'Affranchissement des esclaves, 1836.
(2) De la Politique et du Commerce des peuples de l'antiquité.
(3) Quot hostes capti, tot servi. Ce proverbe avait naturellement sa contrepartie : Tot servi, tot hostes.

posa une caste de conquérants. Le nombre des esclaves devait alors être immense. On l'évalue à quatre cent mille dans l'Attique seule, où celui des citoyens ne s'élevait qu'à vingt mille (1). Sparte en comptait le double, selon quelques écrivains (2). L'histoire assure que, dans les guerres de Sicile, provoquées par les insurrections d'esclaves, au siècle de Marius, il périt plus d'un million de ces malheureux.

Si la guerre et la piraterie ont été de tout temps les sources les plus fécondes de l'esclavage, elles n'ont pas été les seules.

Dans l'Orient, la vie pastorale amena la *patriarchie*; le père commandait en maître à ses enfants. Des familles devinrent conquérantes à l'égard d'autres familles; leurs chefs devinrent chefs de tribus; une hiérarchie se forma parmi ceux qui obéissaient. Des castes se constituèrent, et les degrés inférieurs furent placés dans un état souvent pire que l'esclavage même (3).

Chez les peuples païens de l'Occident, où le régime des castes succomba de bonne heure devant la vie politique, mais où l'essence divine de la créature humaine demeura méconnue, l'homme n'ayant de valeur que comme membre de l'État, tout ce qui n'était point revêtu de la qualité de citoyen, tout étranger était regardé comme barbare, ennemi, propre à la servitude.

Enfin, quand les institutions se régularisèrent davantage, il y eut plusieurs manières de descendre au rang d'esclave : soit en aliénant sa propre liberté, et l'on vit des peuples entiers se soumettre à de pareils traités; soit en se rendant coupable de certains crimes que les lois punissaient par la servitude (4), soit en ne remplissant pas ses engagements envers un créancier, soit par la simple perte des droits civils, peine que l'on pouvait encourir pour s'être soustrait au cens ou au service militaire. Il arriva même, sous Dioclétien, que des chrétiens furent privés des droits de citoyens et de la qualité d'hommes libres pour un simple refus d'assister aux sacrifices païens.

(1) Recensement fait 309 ans avant l'ère chrétienne par Démétrius de Phalère.

(2) *Geschichte und zustand der sklaverey.* — Histoire et Etat de l'esclavage en Grèce, par Reitemeier, 1789.

(3) Suivant le voyageur Buchanan, la caste des *Niadis*, sur la côte de Malabar, est réputée tellement impure, qu'un esclave même se regarderait comme souillé par son contact.

(4) L'esclavage fut infligé comme châtiment aux *Bruttiens*, peuple d'Italie qui avait fait défection aux Romains dans la seconde guerre punique. Réduits à une condition analogue à celle des Ilotes, leur nom devint, comme celui des Ilotes, un terme de mépris par lequel on avait coutume de désigner les esclaves attachés spécialement au service des magistrats. Aulu-Gelle, *Nuits attiques*, liv. x.

Mais ces diverses origines de l'esclavage laissaient leurs traces dans les noms appliqués à ceux qui le subissaient, comme aussi dans leurs relations avec le maître. Partout où la différence de race n'existait point, la servitude était notablement adoucie.

« Si la pauvreté réduit votre frère à se vendre à vous, dit le législateur des Hébreux, vous ne l'opprimerez point en le traitant comme les esclaves. » Il avait, d'ailleurs, fixé le terme de la servitude à l'année sabbatique, c'est-à-dire à la septième année, pour ceux qui appartenaient au peuple de Dieu.

La condition générale des esclaves n'était pas non plus partout la même. Tandis que Sparte et la Rome impériale déployaient contre eux une excessive sévérité (1), l'Égypte et Athènes les traitaient avec une certaine douceur. Moïse avait atténué les rigueurs de leur sort par ses règlements ; lui-même avait subi la servitude en Égypte, ce qu'il rappelle souvent pour disposer son peuple à la miséricorde. A Rome, ce fut sous les Antonins seulement que les maîtres perdirent le droit de vie et de mort sur la personne de leurs esclaves.

Mais alors le christianisme (c'était deux siècles après son ère) commençait à établir ses doctrines. En proclamant la fraternité de tous les hommes, il frappa d'une sentence mortelle l'esclavage antique. Toutefois une institution aussi profondément enracinée ne pouvait céder à une simple déclaration de principes ; les habitudes et les mœurs, encore voisines de la barbarie, ne permirent d'abord que sa transformation en servage. Ce qui prouve néanmoins que la pensée chrétienne n'était point méconnue, et qu'elle réclamait la liberté pour les serfs comme pour les esclaves, c'est que toutes les chartes d'affranchissement portent cette invocation : *Pour l'amour de Dieu !*

C'est l'éducation du genre humain qui a détruit l'esclavage. Il se fait dans l'humanité une protestation perpétuelle contre les institutions qui blessent ses droits, alors même que ces institutions semblent regardées comme inébranlables. Dieu a mis dans le cœur des hommes cette admirable réserve contre leur propre injustice.

Interrogeons l'antiquité. Sa philosophie ne concevait pas une société sans esclavage ; les droits de l'hérilité n'étaient contestés par personne ; des hommes éclairés se laissaient vendre et accomplissaient

(1) Plutarque, après avoir parlé de la condition misérable des Ilotes à Sparte, ajoute : « Celuy qui s'advisa le premier de dire qu'au païs de Lacédémone celuy qui est libre est plus libre, et celui qui y est serf est plus serf que nulle part ailleurs en tout le monde, cogneut très-bien la différence qu'il y a entre la liberté et la servitude de là et d'ailleurs. » *Vie de Lycurgue.*

sans murmure les devoirs de la servitude ; des peuples entiers, fiers et indépendants, subissaient avec résignation le joug imposé par leur vainqueur ; la religion elle-même leur enseignait qu'un Dieu étranger avait vaincu leur Dieu. Et cependant nous trouvons partout, dans l'antiquité, la tradition d'un âge d'or, où l'on ne connaissait ni maîtres ni esclaves. C'est l'aspiration vers un avenir meilleur dont l'homme ne se rend pas compte ; il prend ses espérances pour des souvenirs.

Nous savons aussi que des sectes appartenant à diverses religions ont constamment repoussé l'esclavage de leur sein.

Aristote, qui regarde les barbares comme des esclaves nés, et l'esclave comme un instrument vivant, ne possédant qu'une demi-âme, ajoute néanmoins : « L'esclave, en tant qu'esclave, ne peut être l'objet d'aucune amitié ; mais, en qualité d'homme, il n'en est pas de même. »

Quelqu'un a nommé l'esclavage un *suicide de l'humanité.* En effet, les institutions contre lesquelles notre cœur proteste sont des sources fécondes d'horribles crises sociales, et elles ne se maintiennent que par des offenses réitérées envers ce que l'humanité a de plus sacré. Dès que l'esclavage est assez éloigné de son origine pour qu'on ne le compare plus à un état antérieur pire que lui-même, il ne subsiste dans la société qu'aux dépens de sa moralité, de sa prospérité, de son repos.

Nous ne parlons pas de la dégradation imprimée par la servitude sur le front de celui qui la subit ; elle se transmet de génération en génération. Homère fait dire à Eumée : « Quand Jupiter condamne un mortel à l'esclavage, il l'y prépare en lui enlevant la moitié de sa vertu. » Les comédies antiques sont pleines de traits fournis par la stupidité et les vices des esclaves. L'action corruptrice de la servitude était si bien reconnue à Rome que, selon la loi des édiles, celui qui achetait, comme novice, un captif déjà esclave depuis un certain temps, avait contre le vendeur l'action rédhibitoire (1).

« Tout homme né dans l'esclavage naît pour l'esclavage, » a dit J.-J. Rousseau bien des siècles plus tard.

Mais toute tyrannie dégrade l'oppresseur autant que l'opprimé. Partout le pouvoir absolu de l'homme sur l'homme inspire aux maîtres des désirs et des habitudes qui endurcissent son cœur, et qui l'énervent en même temps.

Ce sont les cruautés exercées envers les Ilotes, la *chasse sainte,*

(1) *Discours sur la constitution de l'esclavage en Occident, pendant les derniers siècles de l'ère païenne,* par P. de Saint-Paul, 1857.

ainsi nommée parce qu'elle servait à développer l'adresse et la vigueur des jeunes Lacédémoniens ; — ce sont les combats de gladiateurs ; — ce sont les mutilations orientales, pratiquées pour rassurer une grossière jalousie ; — ce sont les horreurs de la traite des noirs ; — c'est l'abus des plaisirs brutaux et barbares dans l'antiquité et dans l'Orient, la dépravation des mœurs dans les colonies à esclaves. Les voyageurs, aux États-Unis d'Amérique, ont remarqué qu'il suffisait souvent de franchir la limite de deux provinces pour trouver, à côté des sentiments et des habitudes de la civilisation la plus avancée, une rudesse et une licence de mœurs dignes des temps de barbarie ; comme aussi pour voir des villages riants et des cultures florissantes, à côté de plantations rares et de misérables huttes environnant une seule belle maison, celle du maître. Et, en présence de pareils symptômes, ils n'hésitaient point à se dire : Ici la servitude, ici la liberté.

Voilà les résultats de l'esclavage en ce qui touche à la morale publique.

Quant à ses dangers pour l'État :

Nous voyons la guerre amener sans cesse des troupeaux d'esclaves dans l'Italie romaine (1) ; ceux-ci remplacer les travailleurs libres, et la classe des petits propriétaires diminuer à ce point, que l'on ne comptait plus deux mille citoyens qui possédassent un patrimoine (2). La république fut obligée de faire défendre son territoire par des mercenaires étrangers. — Nous voyons les opulents Romains faire venir des esclaves pour les charger de tous les travaux, pendant qu'eux-mêmes se livrent à une vie de sensualité, de désordre et de paresse ; l'agriculture dépérit, et la fertile Italie est obligée d'emprunter du blé à l'Afrique. Nous les voyons abandonner aux esclaves la pratique des sciences, des arts, et jusqu'à l'éducation de leurs enfants : aussi ces enfants, destinés à devenir des hommes libres, ne le seront-ils pas longtemps. La plus grande extension de l'esclavage et la décadence de Rome sont des faits contemporains.

Nous voyons les Espagnols, les Portugais, si actifs, si hardis dans leurs entreprises, s'endormir dès que le travail servile promet de pourvoir à leurs besoins. Ils perdent toute énergie, et les trésors du nouveau monde ne font que passer entre leurs mains pour aller enrichir des peuples plus industrieux.

Nous voyons les Antilles, avec leurs bras esclaves, demeurer étran-

(1) Pompée se vantait d'avoir pris ou tué plus de deux millions d'ennemis ; César raconte que, dans la guerre des Gaules, il fit un million de captifs.
(2) *Qui rem haberent*, Cicéro, *de Off.* II, 21.

gères aux progrès de la science agricole et des procédés de la fabrication, accomplir des travaux peu fructueux, et languir sous le déplorable régime qui les écrase.

Quant aux dangers immédiats que porte dans son sein l'esclavage, qui ne sait combien de fois les révoltes des Ilotes menacèrent la tranquillité de Sparte? Qui ne songe aux immenses soulèvements d'esclaves qui mirent en péril l'empire romain dans le temps de sa plus grande puissance? Qui ne se rappelle celui qui ravit à la France, il y a quarante ans, sa plus belle possession d'outre-mer?

Nous ne parlons pas des guerres de paysans, de la Jacquerie et des autres insurrections provoquées par l'oppression féodale; il n'entre pas dans notre plan de décrire les diverses atténuations qu'a subies l'autorité du fort sur le faible sous les noms de servage et de domesticité. En parlant de l'esclavage antique, nous n'avons même eu pour but que de préparer à quelques détails sur l'esclavage colonial, celui qui doit nous intéresser le plus, puisque c'est la forme sous laquelle se montre particulièrement aujourd'hui cette vieille plaie sociale, que notre siècle, il faut l'espérer, aura le bonheur de guérir.

Un mot seulement encore sur l'esclavage oriental, ou plutôt sur l'esclavage musulman, parce qu'il présente des caractères spéciaux.

ESCLAVAGE ORIENTAL.

L'esclavage oriental aussi a pour origine le triomphe du vainqueur sur le vaincu, pour moyens principaux d'alimentation la guerre, le vol et la piraterie.

La traite des blancs avait son siège immémorial dans les golfes de la Méditerranée; les villes du littoral de l'Afrique, Alger, Tunis, Tripoli, Oran, servaient de repaires aux pirates qui s'en élançaient pour saisir leur proie. Jusqu'à une époque toute récente, les marines secondaires de l'Europe leur achetaient la paix moyennant de honteux tributs. En vain la France, l'Angleterre, l'Espagne et les Etats-Unis, à diverses époques, depuis le treizième siècle jusqu'à nos jours, avaient essayé, par des invasions et par des bombardements incendiaires, de détruire ces nids de brigands qui se relevaient toujours de leurs ruines. En 1815, on évaluait à mille environ le nombre des esclaves chrétiens dans la ville d'Alger, et à quarante-neuf mille à peu près le nombre total des blancs esclaves chez les musulmans.

Toutefois, dans les contrées où règne l'islamisme, l'esclavage, aussi tempéré pour le serviteur croyant qu'il est dur et absolu pour l'infidèle, ne semble point dominé et soutenu par la doctrine d'une inégalité de nature (1). Nous n'en voudrions pour preuve que la grande et singulière institution politique à laquelle il a servi de base dans l'empire ottoman. Des enfants de toutes nations, enlevés à leurs pays et à leurs parents, transportés au sérail pour y recevoir l'éducation du pouvoir despotique, en sortaient pour aller administrer les provinces au nom du sultan. Cette pépinière d'orphelins, ne reconnaissant d'autre chef de famille que le chef de l'Etat, et acceptés comme ses représentants par des populations auxquelles ils demeuraient constamment étrangers, formait un puissant réseau de gouvernement. C'étaient bien des esclaves encore, mais des esclaves envoyés par le maître pour exécuter ses décrets sur des hommes libres, et respectés comme les instruments du maître (2). Les premières troupes régulières de l'empire, les janissaires, n'ont pas eu non plus d'autre origine. Mais, comme ceux-ci ont complétement changé d'organisation et de mode de recrutement, et sont devenus une sorte de garde bourgeoise, de même les pachas se sont transformés en administrateurs assez semblables aux nôtres, sauf la diversité des habitudes et des mœurs, depuis que le développement de la police maritime, glorieusement commencée par les chevaliers de Malte, a tari les sources où la piraterie recrutait les Itch-oglans du sérail. Ce brillant esclavage a pris fin ; l'esclavage domestique subsiste seul encore avec un grand luxe, bien qu'il se fournisse moins aisément

(1) Celui qui ne sera pas assez riche pour se marier à des femmes honnêtes et croyantes prendra des esclaves croyantes. Dieu connaît votre foi. *Vous venez tous les uns des autres, et d'Adam le père commun.* Koran. Sourate ıv, vers 29.

(2) Nous ne saurions nous empêcher de signaler dans le gouvernement de l'Église catholique une analogie frappante avec l'institution musulmane que nous venons de caractériser.

Des hommes qui ont fait vœu d'obéissance à un chef suprême et qui sont élevés par lui au-dessus de tous les autres, dirigent en son nom la communauté. C'est la théorie du pouvoir mise en œuvre particulièrement par le jésuitisme. Ces hommes sont aussi des esclaves appelés à gouverner ; mais des esclaves volontaires.

Nous sommes conduits à ce rapprochement inattendu, et à ce titre d'esclaves, par une citation du grand théologien de Maistre :

« Je veux, dit-il, écrire une pensée qui me vient au sujet de l'esclavage.

« Qu'est-ce que l'état religieux dans les contrées catholiques? C'est l'esclavage ennobli. A l'institution antique, utile en elle-même sous de nombreux rapports, cet état ajoute une foule d'avantages particuliers et la sépare de tous les abus. Au lieu d'avilir l'homme, le vœu de religion le sanctifie. En le soumettant à une personne de choix, il le déclare libre envers les autres avec qui il n'aura plus rien à démêler.

« Toutes les fois qu'on peut amortir des volontés sans dégrader les sujets, on rend à la société un service sans prix, en déchargeant le gouvernement du soin de surveiller ces hommes, de les employer, et surtout de les payer. » (*Le Pape.*)

de l'extérieur. Toutefois on pourrait croire que lui aussi marche à son terme, et qu'une révolution tend à s'opérer dans les institutions islamiques. L'établissement des lois françaises sur le territoire de l'Algérie, les réformes introduites dans l'Egypte et dans la Turquie, préparent ce changement (1). Un fait récent et bien remarquable vient confirmer cet espoir. Le bey de Tunis a naguère prohibé les marchés d'hommes dans toute l'étendue de la régence, et proclamé la liberté de tous les enfants d'esclaves qui désormais viendront à naître.

La société abolitioniste de Londres a obtenu, dit-on, ce résultat par l'intermédiaire du consul général, sir Thomas Reade. Le bey fit, en 1840, brûler les baraques en bois qui servaient de Bourse aux marchands d'esclaves. Cette industrie devait cependant rapporter des sommes considérables, car on évalue à six mille le nombre des captifs expédiés annuellement à Tunis par le marché de Tuggurt. Les nègres de Tombouctou étant mahométans, la religion restreint chez eux le droit des maîtres ; aussi les marchés d'esclaves se reportent-ils vers des régions plus lointaines, du côté du Niger où les nègres sont encore païens.

Quant à l'esclavage des chrétiens, il fut détruit à Tunis par l'art. 2 du traité du 8 août 1830, imposé au bey par la France après la prise d'Alger.

Les efforts des abolitionistes sont dirigés aujourd'hui sur le Maroc où ils trouvent dans la famille un auxiliaire inattendu. C'est celui des femmes arabes, qui voyent avec douleur les hommes dédaigner les liens du mariage pour vivre avec des esclaves noires.

ESCLAVAGE COLONIAL.

LES POPULATIONS NOIRES EN AFRIQUE.

Presque tous les voyageurs qui ont visité les nègres d'Afrique dans leur pays, Mungo Park, Denham et Lander, Hornemann, Mollien et Caillé, leur accordent un assez haut degré d'intelligence; ils les peignent comme industrieux et hospitaliers. Si la moitié seulement est vrai de ce qu'en disent les mieux informés, les nègres de nos colonies

(1) Le pacha d'Egypte s'est servi de l'esclavage pour introduire la civilisation dans ses Etats. Après avoir fait élever à l'européenne des enfants qui étaient sa propriété, il les a placés à la tête de l'armée et des diverses branches de l'administration. Cet exemple a éclairé et séduit des chefs de famille qui ont à leur tour fait donner à leurs enfants une éducation plus soignée.

leur ressemblent bien peu, et l'on ne saurait trop maudire la servitude qui les métamorphose ainsi (1).

Quelques écrivains philanthropes, emportés par leur zèle pour une belle cause, en ont fait un peuple patriarcal, agriculteur et pasteur, surtout ami de la paix et de la liberté, un peuple auquel ses relations avec les Européens n'ont pu apporter que la corruption.

Ce tableau, il faut l'avouer, est peu conforme à la vraisemblance ; il suffirait, pour y jeter de l'ombre, de rappeler qu'aujourd'hui même on travaille à détruire, sur plusieurs points du continent noir, l'horrible usage des sacrifices humains.

En vain on rappellerait que la Grèce conserva longtemps ces sanglants holocaustes ; que les Athéniens immolèrent des victimes humaines à Bacchus Homadius (anthropophage) et les Romains à Jupiter Latialis, ces derniers jusqu'au troisième siècle de l'ère chrétienne (2). Il est vrai que la vie de l'homme était mal respectée dans des sociétés remplies d'esclaves ; mais les superstitions antiques présumaient une vertu mystérieuse dans ces sacrifices religieux, pour lesquels on ne choisissait pas toujours des esclaves ou des prisonniers, tandis que le sauvage égorge son ennemi avec une joie féroce.

Il est probable qu'avant l'arrivée des Européens, la population nègre était à peu près ce que sont toutes les populations barbares ; l'esclavage, en la mettant en contact avec une société plus avancée, a donc pu lui faire faire un progrès. Il est possible, en un mot, que cette étrange proposition d'un conseil colonial ne soit pas dépourvue d'un certain degré de vérité : « L'asservissement des nègres aux blancs est la première visite de Dieu à la race africaine. »

(1) « Mes récits serviront à prouver que les nègres, que nous regardons comme des barbares, loin d'être dépourvus de connaissances, ne sont guère moins avancés que la plupart des habitants de la Champagne en Europe. La religion de Mahomet qu'ont embrassée presque toutes les nations africaines que j'ai rencontrées, a éclairé leur esprit, adouci leurs mœurs et détruit chez elles ces coutumes cruelles que conserve l'homme dans l'état sauvage. »

Voyage dans l'intérieur de l'Afrique, fait en 1818, par ordre du gouvernement français, par G. Mollien. — 1820.

« Je voyais beaucoup d'ouvriers dans la campagne, qui piochaient la terre et la remuaient aussi bien que nos vignerons. Ce ne sont plus les nègres esclaves des Mandingues, qui ne font que retourner la superficie du sol ; ce sont de vrais laboureurs qui travaillent pour avoir une belle et abondante récolte. Je fus étonné de trouver dans l'intérieur de l'Afrique l'agriculture à un tel degré d'avancement. Leurs champs sont aussi soignés que les nôtres. »

Journal d'un voyage à Tombouctou et à Jenné dans l'Afrique centrale pendant les années 1824 — 1828, par René Caillé, Paris, 1830.

(2) Voyez, pour ces deux assertions, Porphyre ; *De Abstinentiâ*, etc.

LES NÈGRES AUX COLONIES.

C'est une tactique fort usitée depuis quelque temps que de peindre sous des couleurs séduisantes l'état des esclaves dans les colonies : on veut prouver que leur condition est préférable à celle de nos journaliers d'Europe, afin de détourner le sentiment d'humanité qui s'apitoie sur leur sort. Nous avons vu établir le même parallèle entre les serfs de la Russie et nos paysans, et en tirer la même conclusion. Il ne s'agit de rien moins que de persuader à ceux-ci qu'il vaudrait mieux pour eux retourner à l'état de serfs, et maudire le courage libérateur de leurs pères.

Mais alors même qu'il serait vrai, comme le prétendent les défenseurs du régime colonial (1), qu'esclaves dans leur patrie, les nègres sont trop heureux, en changeant le théâtre de leur servitude, d'en améliorer la condition, et qu'après deux ans de séjour aux colonies, nul ne voudrait retourner dans son pays ; alors même que le bien-être des esclaves serait tel qu'on veut nous le faire croire ; alors même qu'il serait le résultat de la charité du maître plutôt qu'une inspiration de son intérêt personnel, faisant économie d'un capital que l'abolition de la traite ne permet plus de remplacer ; alors même que tout cela serait établi, tout cela n'ôterait rien au caractère odieux de l'institution. Plus au contraire les créoles prétendent à un rang élevé sur l'échelle de la civilisation, plus on a droit de leur reprocher le maintien de cette relation contre nature ; ce sont les lumières qui nous montrent chez l'homme autre chose que des besoins physiques à satisfaire ; ce sont elles qui nous disent qu'il y a là un cœur à élever, une intelligence à cultiver, une dignité à respecter.

Il serait facile d'ailleurs de détruire les assertions que nous venons de rapporter par le véritable exposé des faits ; il serait facile d'opposer à des tableaux imaginaires le tableau plus sombre de la réalité. Mais rien n'est plus éloigné de notre intention que d'exaspérer des haines déjà bien assez vives. Il suffit du mot *esclavage* pour que tout esprit sensé et de bonne foi comprenne ce que ce mot implique. Nous ne ferons donc pas à nos lecteurs l'injure de poser cette question : Faut-il abolir l'esclavage ? Nous ne nous étonnons que d'une chose ; c'est que dans notre siècle, et parmi nous, des hommes sachent que d'autres

______

(1) A. de Lacharrière, *Observations sur les Antilles françaises.* — De Cools, *De l'Émancipation des esclaves.*

hommes vivent à l'état d'esclaves sur un territoire de leur propre nation, qu'ils peuvent abolir cette monstruosité, et qu'ils hésitent. Une injustice qu'on laisse subsister est une injustice qu'on renouvelle tous les jours.

Et quant à ceux qui cherchent naïvement les moyens de régulariser et d'adoucir l'esclavage, nous leur répéterons avec un écrivain qui a profondément étudié ces questions : *Il n'y a pas de bonnes lois possibles pour la servitude* (1).

ORIGINES DE LA TRAITE.

Cinquante ans environ avant la découverte de l'Amérique, un navigateur portugais, Gonzalès, parvint à doubler le cap Bojador. Arrivé sur les côtes de la Guinée, il attaqua les naturels du pays, fit des prisonniers, et les amena en Europe, où il les vendit comme esclaves. Cet exemple, renouvelé de l'antique piraterie, trouva d'avides imitateurs. Ceux-ci construisirent le fort de la Mina, le premier qui ait été bâti sur cette côte, pour protéger leur odieux trafic (1481).

Cependant l'Europe, avec son esclavage purement domestique, offrait un marché trop restreint à la nouvelle denrée. Un autre débouché beaucoup plus vaste ne tarda point à s'ouvrir pour elle en Amérique.

Lorsque Colomb eut pris possession de l'île d'Haïti au nom de Ferdinand et d'Isabelle, il s'empressa d'expédier en Espagne plusieurs cargaisons d'Indiens : « Pour procurer à mes souverains, écrivait-il, un profit immédiat, et les indemniser des dépenses que la naissante colonie fait peser sur le trésor royal, j'envoie ces Indiens qui pourront être vendus à Séville. »

La cruauté des conquérants ne tarda point à dévaster ce beau pays. « A mon arrivée à Saint-Domingue, dit Las Casas dans son fameux plaidoyer devant l'empereur Charles-Quint, cette île contenait un million d'habitants ; maintenant (vingt ans après) à peine en existe-t-il la centième partie. » « Il ne reste d'eux sur la terre que le souvenir de leurs malheurs ! » s'est écrié M. de Humboldt.

Pour repeupler l'Amérique, on imagina de dépeupler un autre continent.

Le charitable évêque de Chiappa, qui, saintement sévère, refusait l'absolution religieuse aux tyrans des Américains, sollicita, dit-on

(1) Victor Schoelcher.

(mais le fait est douteux), la permission d'amener des nègres de Guinée, afin de soulager le sort des indigènes; et il contribua ainsi à détourner la barbarie de la tête des uns pour la faire retomber sur celle des autres. Cependant le jugement public, dont le tact est presque toujours si juste, ne s'est point mépris sur ses sentiments, et n'a jamais hésité à placer Barthélemi de Las Casas au premier rang parmi les apôtres de l'humanité. Les historiens qui lui ont attribué l'établissement de la traite ont d'ailleurs commis un anachronisme. Il n'eût demandé que l'extension d'un usage déjà répandu (1). Herrera lui-même, l'auteur primitif de l'assertion, nous apprend que dès l'année 1511, six ans avant l'époque où Las Casas aurait fait sa proposition, un acte royal avait autorisé le transport des nègres: « Attendu qu'un nègre fait plus de travail que quatre Indiens. » L'invention, enfin, n'eût point été nouvelle, car Alexandrie et Carthage faisaient la traite des noirs, déjà fort recherchés alors (2).

C'est dans le sein des mines surtout que la population indienne était allée s'anéantir. C'est pour la remplacer dans ces travaux que furent introduits les Africains. « Mais quand on s'aperçut, dit Clarkson, que l'or et l'argent n'étaient pas les seules richesses que l'on pût tirer du nouveau monde, on employa également les nègres à la culture des denrées coloniales (3). »

La traite, qui jusqu'alors n'avait donné lieu qu'à une piraterie particulière, devint un commerce régulier, encouragé et réglementé par les divers gouvernements. Des priviléges royaux furent conférés, des lettres patentes furent délivrées, des primes accordées ainsi que des exemptions extraordinaires de taxes; des compagnies furent organisées, et la traite prit bientôt une telle activité que le nombre des nègres introduits dans la seule colonie de Saint-Domingue, de 1680 à 1776, c'est-à-dire en moins d'un siècle, s'éleva, dit-on, à 800,000. Un auteur qui écrivait en 1789, au moment où l'on commençait à songer sérieusement à supprimer cet abominable trafic, évalue à 36,000 par an le chiffre *moyen* des nègres importés annuellement de la Guinée dans les colonies; chiffre qui, multiplié par le nombre des années écoulées

(1) *Apologie de Las Casas*, par Grégoire. — Mémoires de l'Institut, t. IV.
(2) Heeren, *De la Pol. et du Comm. des peuples de l'antiquité.*
(3) Clarkson, *Essai sur l'esclavage.* — L'introduction du café à la Martinique et celle de la canne à la Barbade (1641) opérèrent dans ces îles une révolution que l'on a comparée à ce qui se passa en Irlande par suite de la culture de la pomme de terre. C'est de ce moment que datent : ici, l'accroissement excessif de la population et de la misère ; là, l'importation multipliée des noirs et leur servitude.

depuis l'établissement de la traite, lui présente un total de plus de dix millions. Il poursuit son calcul : Chaque nègre enlevé à la côte d'Afrique coûte la vie, dit-il, à cinq individus au moins, dans les combats que se livrent les peuplades sauvages ; ajoutons-y ceux qui meurent dans la traversée et dans les premiers temps de leur séjour, et nous reconnaîtrons que la cupidité de l'Europe a ravi à l'Afrique au moins 60 millions d'habitants (1). »

Il y a sans doute de l'exagération dans tous ces chiffres, mais pas autant qu'on pourrait le croire ; certains calculs les portent même beaucoup plus haut. Buxton évalue à cinq cent mille le nombre des habitants de l'Afrique détruits annuellement par la traite. Selon lui, la moitié périt dans les captures et les transports à la côte, un quart de ceux qu'on embarque succombe pendant la traversée, et un cinquième de ceux qui atteignent la terre meurt encore dans le cours de la première année, sans pouvoir s'acclimater (2).

L'esprit se trouble, le cœur s'anéantit devant cette épouvantable consommation de créatures humaines.

En même temps que l'achat et le transport des noirs se régularisaient et s'activaient, les ressources de ce commerce devenaient aussi plus abondantes. Si le nombre des captifs sacrifiés avait diminué par l'ouverture d'un débouché lucratif, d'un autre côté l'appât du gain avait multiplié les violences armées.

On organisait en grand la chasse aux nègres pour se procurer cette marchandise recherchée ; on cernait les villages ; on les incendiait afin de saisir les malheureux qui fuyaient leurs demeures embrasées. Une guerre excitée par les passions cupides se livrait entre les tribus et dans le sein des familles ; le fort vendait le faible ; le père même vendait ses enfants ; heureux d'obtenir en échange des colifichets ou des boissons spiritueuses. Les vieillards étaient massacrés comme inutiles ; les jeunes gens des deux sexes conduits enchaînés à la côte. Arrivés là, si le marchand ne trouvait point le placement de ses prisonniers, le plus souvent il les égorgeait, afin de s'épargner la peine et les frais nécessaires pour les reconduire dans l'intérieur du pays.

Si la livraison avait lieu, les esclaves étaient emmagasinés dans l'étroit entre-pont d'un navire, de manière à occuper le moins d'espace possible ; enchaînés deux à deux par les pieds et par les mains, ils faisaient ainsi une traversée de six semaines à deux mois, quelquefois da-

(1) *La Cause des esclaves nègres*, par Frossard, 2 vol.
(2) *De l'Esclavage*, par Fowel Buxton, trad. en français, par Pacaud.

vantage. Tel est à peu près le tableau qu'a offert la traite dans tous les temps.

La vente des captifs devint la principale et bientôt la seule industrie de la côte d'Afrique exploitée par les négriers.

Ce n'est pas qu'en Europe, dès l'origine, les consciences religieuses n'eussent protesté contre cette violation des lois de la morale et de l'humanité. Nous avons vu Las Casas élever la voix pour condamner l'esclavage des *peaux rouges*; il est vrai qu'on l'accuse d'avoir toléré en même temps l'esclavage des *peaux noires* comme n'appartenant point à la nature humaine. Mais le reproche est mal fondé, car dans plusieurs passages de ses écrits il déplore la tyrannie exercée sur les nègres, et quelque part il la qualifie d'*exécrable*.

En Angleterre, l'opinion publique ayant inculpé le chevalier *John Hawkins*, pirate négrier, d'avoir commis d'affreuses violences sur la côte de Guinée, la reine Elisabeth le manda pour lui infliger un blâme sévère et prohiber la continuation de son infâme industrie. Mais quelques années après elle éleva ce même homme aux plus hauts grades de la marine, elle autorisa ce qu'elle avait interdit, et accorda même des priviléges à une compagnie africaine formée pour entreprendre en grand le commerce des hommes (1562).

Par le traité d'Utrecht, le cabinet de Londres assura à ses marchands nationaux le droit exclusif d'approvisionner de nègres les colonies espagnoles. Ils jouirent longtemps du monopole des *asientos*, foires périodiques d'esclaves où se réalisaient d'immenses bénéfices.

L'aristocratie britannique était alors à la tête des compagnies qui se livraient à ce négoce. Leurs priviléges furent contestés au nom de la liberté du commerce, et un acte du parlement, faisant droit à ces plaintes, permit à tout sujet anglais de pratiquer la traite.

ÉTABLISSEMENT DE L'ESCLAVAGE DANS LES COLONIES FRANÇAISES.

L'esclavage reparut donc au seizième siècle, en plein christianisme, et sous ses formes les plus cruelles.

En France, où la traite devint tard en usage, Louis XIII, dit Montesquieu, résista longtemps à l'adoption de la loi qui rendit esclaves les nègres de ses colonies (1).

L'avidité du gain employa auprès de lui, comme auprès d'Élisabeth, un prétexte fondé sur ce qu'il serait d'autant plus facile de convertir les

(1) *Esprit des lois*, l. xv, c. iv.

Africains au christianisme qu'on exercerait sur eux l'autorité du maître sur sa chose. Montesquieu nous apprend que cette pensée « encouragea les premiers destructeurs de l'Amérique dans leurs crimes, » et il appuie son dire sur les récits des historiens Solis et Garcilasso de la Vega.

L'édit de Louis XIII, qui établissait la servitude, ordonnait en même temps que tous les *sauvages convertis à la foi chrétienne* fussent réputés *naturels* français, capables de tous les droits et honneurs possédés par les autres nationaux.

Ceci prouve que le préjugé de la couleur, si heureusement nommé par Grégoire *la noblesse de la peau*, n'était pas alors consacré.

Il ne l'est pas non plus dans le *Code noir*. Cette charte coloniale, promulguée par Louis XIV en 1685, l'année même où il privait des droits civils et politiques les protestants de son royaume, attribue ces mêmes droits aux hommes de couleur libres, et pose en principe que l'affranchissement tient lieu de naissance.

Nous verrons pourtant que lorsque l'assemblée constituante voulut tirer la conséquence logique de ce principe, elle eut à vaincre des résistances acharnées.

C'est qu'en effet le Code noir, qui fut, sans doute, comme presque toutes les législations nouvelles, un progrès sur l'état antérieur, n'avait guère reçu d'exécution que dans ses dispositions rigoureuses à l'égard des esclaves; mais toutes celles qui limitaient le pouvoir des maîtres ou leur prescrivaient des obligations demeuraient non avenues. « L'édit de 1685, dit un écrivain peu suspect, puisqu'il s'est montré favorable à l'esclavage (1), l'édit de 1685 n'empêche pas que des nègres ne périssent journellement dans les chaînes ou sous le fouet, qu'ils ne soient assommés, étouffés, brûlés sans aucune formalité; tant de cruauté reste toujours impunie... A Saint-Domingue, quiconque est blanc maltraite impunément les noirs..., Dans le tort que l'on fait à un esclave, les juges sont dans l'usage de ne considérer que la diminution de son prix. »

Toutes les autres mesures légales prises pour adoucir la condition des esclaves eurent pareil sort, et entre autres l'édit du 3 décembre 1784, qui limitait à cinquante le nombre de coups de fouet auquel l'esclave pouvait être condamné (2).

---

(1) Hilliard d'Auberteuil, *Considérations sur la colonie de Saint-Domingue.*
(2) A.-G. Kersaint, *Moyens proposés pour rétablir la paix et l'ordre dans nos colonies.*

Les assemblées coloniales ont de tout temps soutenu ce principe, que les lois ne doivent point intervenir entre le maître et l'esclave.

Si l'humanité n'obtint pas même l'exécution du Code noir dans ce qui concernait le traitement physique des esclaves, il est peu surprenant que celles de ses prescriptions qui contrariaient le préjugé de race n'aient point pris place dans les habitudes coloniales. Ce préjugé excluait les hommes de couleur libres de tout office public auquel était attaché pouvoir ou considération. Diverses lettres ministérielles intervinrent même pour lui donner raison et pour empêcher une interprétation libérale de quelques articles du Code noir. Les unes portaient refus d'examiner les titres de noblesse des blancs qui avaient épousé des femmes de sang mêlé ; elles les déclaraient indignes de tout emploi dans les colonies ou même déchus du rang de blancs ; d'autres défendaient aux curés et aux notaires de célébrer des mariages mixtes, sans exprimer dans les actes la qualité de la personne de couleur, afin que l'on pût remonter à son origine, alors même que par des croisements divers la prédominance de la race blanche n'aurait plus laissé que des traces imperceptibles du type africain. — D'autres refusaient aux hommes de couleur l'autorisation de venir en France recevoir les bienfaits de l'éducation ; d'autres prohibaient pour eux l'exercice de la médecine. — Enfin l'une d'elles s'exprime en ces termes formels : « Il importe au bon ordre de ne pas affaiblir l'état d'humiliation attachée à l'espèce noire, dans quelque degré qu'elle se trouve. S. M. est déterminée à maintenir le préjugé qui doit écarter à jamais les gens de couleur et leurs descendants, de tous les avantages attachés aux blancs (janvier 1767). » Tout cela se passait à la fin du dix-huitième siècle, à la veille de la révolution. Mais ce qui a droit de surprendre davantage encore, c'est qu'un arrêté des consuls du 13 messidor an X, et un avis du conseil d'Etat, daté du 19 octobre 1814, renouvelèrent la prohibition des mariages mixtes, afin, disent-ils, d'empêcher le mélange du sang et de préserver la France de l'altération que les mariages avec les Maures ont introduit en Espagne.

Le Code noir, développé successivement par des actes émanés, soit du gouvernement métropolitain, soit des autorités coloniales, et souvent, comme on vient de le voir, dans un esprit peu progressif, sert encore de base à la législation de nos possessions d'outre-mer. L'adoucissement général des mœurs a seul introduit des modifications dans sa pratique.

CONDITION DES ESCLAVES.

« Quant à la condition matérielle des noirs avant les efforts philanthropiques commencés par le siècle dernier et continués par le nôtre,
il suffira, pour en donner une idée, de rappeler que quarante mille nouveaux captifs introduits annuellement par la traite à Saint-Domingue
parvenaient avec peine à conserver le niveau de la population esclave.
Un neuvième, dit-on, en périssait chaque année : proportion effrayante
à laquelle n'est point comparable la mortalité de nos hôpitaux. Clarkson
évalue au tiers le nombre de ceux qui mouraient dans les deux premières années de leur séjour aux colonies, par suite du travail inaccou-
tumé, des mauvais traitements et du désespoir. « Il est prouvé, dit
l'auteur du *Dictionnaire d'économie politique* dans l'*Encyclopédie
méthodique* (art. *Nègre*, p. 414, 415), que quatorze ou quinze cent
mille noirs, aujourd'hui épars dans les colonies européennes du nouveau
monde, sont les restes infortunés de huit ou neuf millions d'esclaves
qu'elles ont reçus. » M. Bryan-Edwards, dans un ouvrage qui fait autorité en Angleterre, évalue à deux et demi pour cent la diminution
annuelle à laquelle est soumise une population esclave qui ne se recrute point de l'extérieur, de sorte qu'au bout de trente ans cette population s'anéantirait d'elle-même ; les chiffres donnés par M. de Humboldt et par M. Ramon de la Sagra viennent à l'appui de cette opinion :
« Toutes les colonies anglaises des Antilles, qui ne possèdent aujour-
d'hui que sept cent mille nègres et mulâtres, libres et esclaves, ont
reçu, de 1680 à 1786 (l'espace de cent six ans), selon les registres des
douanes, deux millions cent trente mille nègres des côtes d'Afrique (1). »

Au jour de l'affranchissement, en 1838, la Jamaïque comptait trois
cent vingt-deux mille esclaves ; et depuis que les Anglais ont conquis
cette île, en 1655, jusqu'en 1808, époque de l'abolition de la traite,
ils en avaient introduit huit cent cinquante mille. Selon l'accroissement ordinaire des populations libres, dans ces mêmes climats, il aurait
dû s'en trouver deux millions cinq cent mille.

Dans nos colonies, selon M. Moreau de Jonnès, « en dix années,
l'accroissement de la population libre s'élèvera à plus de huit mille individus, et équivaudra au quatorzième de cette classe ; au contraire, le

<hr>

(1) *Essai politique sur Cuba*, par A. de Humboldt, 1826. — *Observations et
comparaisons sur le mouvement de la population de la Havane dans les cinq
années écoulées de 1825 à 1830*, par Ramon de la Sagra.

2

décroissement des esclaves par l'excès des décès sur les naissances montera à quatorze mille personnes, faisant un dix-huitième du nombre actuel de cette population (1). »

Enfin, à Surinam, colonie hollandaise, la classe servile diminue dans une proportion qui flotte entre trois et cinq pour cent par an.

Cette loi générale de décroissance dans les pays de servitude les mène donc rapidement à une destruction certaine : n'est-ce point la condamnation providentielle de l'esclavage ?

A Rome, la nostalgie, le suicide, et une peste particulière aux esclaves décimaient ces malheureux, et de continuelles importations de tous les pays ne suffisaient point pour compenser la dépopulation. Ceux qui appartenaient à des races civilisées, les Grecs, les Syriens, les Carthaginois succombèrent les premiers, ne laissant guère après eux que ces natures inférieures ou dépravées qui s'accommodent aisément de la servitude. Des barbares plus robustes furent amenés de la Germanie, de la Thrace et de la Scythie pour les remplacer, et ne résistèrent pas beaucoup mieux. Cependant la présence de deux classes d'esclaves également dangereuses inonda l'Italie de désordres, de corruption et de misère. Il fallut un cataclysme social pour renouveler ce monde en décadence.

PREMIERS EFFORTS PHILANTHROPIQUES.

C'est aux quakers de l'Amérique du Nord qu'appartient l'honneur d'avoir les premiers donné l'impulsion aux affranchissements. Ce ne fut d'abord qu'un acte de charité individuelle ; mais, en 1751, la secte tout entière accorda la liberté à ses esclaves par une mesure générale, et refusa d'admettre à sa communion ceux de ses membres qui n'auraient pas entièrement banni la servitude de leurs maisons. — L'exemple fut imité par d'autres communautés religieuses, et finit par envahir l'État politique lui-même. En 1780, l'État de Pensylvanie prononça, par une loi mémorable, la liberté de tous les nègres nés depuis la déclaration de l'indépendance. Quelques années après, les neuf États du nord et du centre prohibèrent l'importation des nègres sous des peines sévères.

Un mouvement parallèle se produisait en Angleterre. Un homme de bien, de courage et d'intelligence se mit à sa tête : c'était Grandville Sharp. Il étudia pendant trois ans les lois anglaises pour se mettre en

(1) *Recherches statistiques sur l'esclavage colonial.*

état de défendre les droits des Africains. Ce fut lui qui, en 1772, obtint des cours de justice anglaises la reconnaissance de ce principe, dès longtemps admis en France, qu'un esclave touchant le sol de la Grande-Bretagne devenait libre.

Grâce à ses écrits et à ses efforts, auxquels se joignirent ceux d'apôtres non moins ardents, non moins actifs, de cette juste cause, particulièrement ceux du respectable Clarkson, la Société des *Amis des noirs* se forma ; la question fut portée au parlement, et y trouva d'éloquents défenseurs ; Wilberforce en fut surtout le persévérant avocat. Wilberforce ne demandait qu'une *loi d'humanité dans le transport, et non une abolition* (1) ; mais il acceptait, dès 1792, solennellement, au sein du parlement, l'accusation d'étendre ses vœux jusqu'à la suppression de l'esclavage. — Lorsqu'en 1788 Pitt présenta à la chambre des communes une pétition pour l'abolition de la traite, l'intérêt mercantile se souleva et la fit échouer. On calcula que le nombre des esclaves dans les Indes occidentales s'élevait à 410,000 ; qu'il en fallait chaque année 10,000 nouveaux pour combler les vides laissés par la mortalité ; que le commerce anglais achetait chaque année 30,000 nègres à la côte d'Afrique, et en revendait 20,000 à d'autres nations, mouvement commercial qui amenait une exportation de 800,000 liv. st. de produits fabriqués en Angleterre, et rapportait en valeur plus de 1,400,000 liv. (2). Les philanthropes suivirent leurs adversaires sur ce terrain, et démontrèrent dans une série de publications que le trafic des noirs n'était rien moins que favorable aux intérêts britanniques. — En 1792, la chambre des communes, à une majorité de 19 voix, décida que la traite serait abolie dans trois ans ; mais la chambre haute repoussa cette décision, comme elle repoussa un peu plus tard (en 1794) la proposition faite par Wilberforce d'interdire la vente des esclaves aux nations étrangères.

Vers la même époque, le Danemark osa davantage. Par un décret daté de Copenhague, le 16 mars 1792, le roi Christiern VII fixe à l'an 1803 l'interdiction de la traite dans ses colonies, laissant ainsi aux colons un délai de dix années pour se fournir d'esclaves. Le considérant du décret porte qu'il est préférable de faire cultiver la terre par des nègres nés et élevés sous ce climat. C'est donc au gouvernement danois qu'appartient l'initiative de la mesure ; depuis ce temps, il a

____

(1) *Lettre du comte de Guiton*, envoyé en Angleterre par le club des colons français, pour y prendre des informations sur la société des *Amis des noirs*, 18 août 1790.

(2) *Histoire abrégée des traités de paix*, par Schoell, ch. 41.

persévéré dans la même voie, et il a fait pour les esclaves de ses colonies tout ce qu'il est possible de faire sans détruire la servitude.

ABOLITION DE L'ESCLAVAGE PAR LA LÉGISLATION FRANÇAISE.

La France, nous devons le dire avec orgueil, a devancé les autres nations, non pas seulement par la proclamation du principe de liberté, mais aussi par son application légale.

Nous faisions gloire tout à l'heure à Grandville Sharp d'avoir obtenu de la jurisprudence anglaise la liberté des esclaves transportés en terre libre. Cette vertu d'affranchissement attribuée au sol national remonte parmi nous jusqu'à la célèbre formule de Louis X (3 juillet 1315) : « Considérant que notre royaume est appelé le royaume des *Franks*, et voulant qu'en effet la chose soit accordante au nom. » Confirmée par Philippe V, en 1318, elle fut appliquée en 1553, sur un ordre de Henri II, à trois cents esclaves naufragés, et plusieurs fois encore, sous l'ancienne monarchie. M. Henrion de Pansey fit triompher ce principe en 1770, dans une cause qu'il plaida devant le parlement. Longtemps avant la révolution, les grands écrivains de notre pays, Montesquieu, Rousseau, avaient sapé dans sa base l'esclavage colonial. Necker, Raynal, Turgot, Condorcet, étaient venus apporter leur concours à la même tâche. Dès 1787, il s'était formé à Paris, grâce aux soins de Brissot principalement, une société des *Amis des noirs.* Elle compta bientôt dans ses rangs Mirabeau, Clavières, Larochefoucauld, Grégoire, Lafayette, etc. Malgré son titre, elle ne s'occupa guère que des mulâtres. Les espérances ne s'élevaient pas alors jusqu'à l'émancipation des esclaves ; on ne demandait qu'un adoucissement de leur sort. Turgot lui-même, cet esprit hardi, ne paraît pas avoir eu la pensée qu'on lui a prêtée d'abolir la servitude par une loi. Son ami, Dupont de Nemours, déclare qu'il voulait atteindre ce but par l'amélioration successive de l'état des esclaves, et par la faveur donnée aux affranchissements (1).

Quand l'assemblée constituante se réunit, les colons de Saint-Domingue élurent assez irrégulièrement des députés, qui néanmoins furent admis. Mais bientôt on se demanda pourquoi les hommes de couleur libres, propriétaires, auxquels le Code noir conférait les mêmes priviléges qu'aux blancs, ne seraient point représentés aussi bien

(1) *Mémoires sur la vie et les œuvres de Turgot.*

qu'eux (1). Puis l'assemblée, dans sa séance du 28 mars 1790, rendit un décret qui n'était que l'application même du Code colonial : *Les hommes de couleur et les nègres libres jouiront des mêmes droits que les colons blancs.* Ce décret ayant été diversement interprété, donna lieu à des réclamations et à des troubles. Un an après, le 15 mai 1791, une nouvelle rédaction, proposée par Rewbell et appuyée par Robespierre, fut adoptée après un débat orageux. La voici : « L'assemblée nationale décrète qu'elle ne délibérera jamais sur l'état des gens de couleur qui ne sont pas nés de père et mère libres, sans le vœu préalable, libre et spontané des colonies ; que les assemblées coloniales actuellement existantes subsisteront ; mais que les gens de couleur nés de père et mère libres seront admis dans toutes les assemblées paroissiales et coloniales futures, s'ils ont d'ailleurs les qualités requises. » Par cette rédaction, comme on le voit, les colons étaient explicitement rassurés quant à la propriété de leurs esclaves ; mais elle consacrait le principe de l'égalité en faveur des hommes que la révolution avait trouvés en possession de la liberté.

C'est là ce qui mécontenta les colons ; ils se vengèrent du principe établi à Paris en rendant son application illusoire aux colonies. Les hommes de sang-mêlé, quoique possédant le tiers des immeubles de l'île, furent exclus des comités, des municipalités, etc. ; on leur interdit même de porter la cocarde nationale. Il réclamèrent modestement, presque humblement ! on mit en prison les pétitionnaires, et le rédacteur de la pétition, vieillard respectable et magistrat, appartenant à la classe blanche, eut la tête tranchée par le bourreau. Les créoles de Saint-Domingue, inquiets des vues qu'ils supposaient à l'assemblée constituante, et ennemis de la révolution, menacèrent de se séparer de la métropole ; ils ne cachèrent même pas le projet de se donner à l'Angleterre. Leur exaspération et leurs violences furent poussées à un tel degré (et cependant il s'agissait de reconnaître la qualité d'homme aux mulâtres libres, c'est-à-dire à leurs propres enfants), que, pour arrêter l'effusion du sang, l'assemblée abrogea son décret en faveur des hommes de couleur.

Ce fut alors le tour de ceux-ci de s'irriter, et leur colère ne fut pas moins grande que celle des blancs ; les deux partis s'armèrent et se firent une guerre terrible. L'assemblée législative résolut de remettre en vigueur le décret du mois de mai 1791 ; elle envoya des commissaires à Saint-Domingue, avec un corps de troupes considérable pour y

____

(1) *Quatorzième lettre de Mirabeau à ses commettants.*

rétablir la tranquillité. Ces commissaires n'apportaient avec eux d'autre idée que celle de l'égalité de tous les hommes libres. Jusqu'à ce moment, qu'on le remarque bien, l'esclavage lui-même n'avait pas été mis en question. C'est donc à tort que l'on prétendrait attribuer au décret d'abolition, postérieur à ces événements, les troubles de Saint-Domingue. Presque toutes les scènes horribles que raconte l'histoire de cette île, et particulièrement l'incendie de Port-au-Prince, avaient eu lieu pendant la lutte des créoles et des hommes de couleur libres ; chacun, de son côté, avait armé des esclaves, et ceux-ci se battaient pour une cause qui n'était pas la leur, les uns pour les blancs, les autres pour les mulâtres.

Ce fut dans ces circonstances que les commissaires de l'assemblée songèrent à mettre fin à la guerre civile, en intéressant la portion la plus nombreuse de la population au triomphe du principe qu'ils étaient chargés de faire prévaloir ; ils appelèrent à leur aide les esclaves, promettant la liberté à ceux qui viendraient se ranger sous les drapeaux de la république. Placés entre la guerre que nous faisaient les Espagnols dans la partie orientale de l'île, et la menace d'un débarquement des Anglais, appelés par les insurgés, le péril était imminent ; tous les blancs qui n'étaient pas en révolte contre les décrets de l'assemblée approuvèrent et signèrent une mesure de salut devenue indispensable. Or, le chiffre des esclaves était presque décuple de celui des hommes libres. Ce nouveau poids entraîna la balance.

C'est ainsi qu'Athènes et Sparte se faisaient la guerre, en soulevant réciproquement leurs esclaves ; c'est ainsi qu'Annibal, Jugurtha, Mithridate, appelèrent les esclaves de Rome à la liberté ; c'est ainsi que pendant les dernières agitations de la république romaine, chaque parti s'efforçait d'utiliser, pour sa cause, les esclaves, devenus si prépondérants par le nombre à l'égard de la population libre, que celui qui parvenait à les amener sur le champ de bataille était certain de la victoire.

Cette première proclamation de liberté ne tarda point à recevoir la sanction législative. Le 6 pluviôse an II (4 février 1794), sur une motion de Levasseur de la Sarthe, la convention prononça par acclamation l'abolition de l'esclavage colonial. Deux députés mulâtres furent embrassés par le président et par toute l'assemblée : ce fut une scène touchante. Une femme de couleur, qui se trouvait dans les tribunes, s'évanouit d'émotion ; elle fut admise aux honneurs de la séance. Danton s'écria au milieu des applaudissements : « Lançons la liberté dans les colonies ; c'est aujourd'hui que l'Anglais est mort. »

L'Anglais parut le craindre, en effet, car il envoya des secours, d'armes et d'argent aux colons de l'ouest de Saint-Domingue ; il continua pendant trois ans à y nourrir la guerre civile et à retarder, sans pouvoir l'empêcher, l'établissement de la liberté.

RÉSULTATS DE LA LIBERTÉ A SAINT-DOMINGUE.

Que faisait cependant cette immense population d'esclaves subitement délivrés ? S'abandonnait-elle à la paresse et au désordre ? Nous possédons sur les faits de cette époque quelques témoignages dignes de créance. Le colonel Malenfant, propriétaire à Saint-Domingue, et qui ne cessa pas d'y résider, a publié, en 1814, un *Mémoire historique* dans lequel il s'exprime ainsi :

« Après avoir été émancipés, les nègres restèrent tranquilles, et ils continuèrent le travail sur toutes les habitations (1). » Son livre est plein de renseignements du même genre.

Toussaint-Louverture, le plus grand homme qu'ait produit la race noire, l'égal des héros de notre révolution, arriva au pouvoir comme général en chef des armées de Saint-Domingue, en 1796, et s'y maintint jusqu'à l'expédition de 1802, c'est-à-dire pendant six ans. Il fit de sages règlements de travail, dont les commissaires de la convention avaient donné le premier exemple, et publia un acte constitutif remarquable.

Malgré l'inflexible énergie qu'il fut obligé de déployer au milieu d'une population abrutie par l'esclavage, son nom vit dans les souvenirs et dans la poésie des nègres. C'est leur Napoléon. Il y a en effet beaucoup d'analogie entre les œuvres de ces deux hommes, dont l'un devait faire périr l'autre dans les cachots.

« Appelé par vos talents et la force des circonstances au premier commandement, » lui écrivait Bonaparte peu de temps avant l'expédition, « vous avez détruit la guerre civile, remis en honneur la religion et le culte de Dieu, de qui tout émane (2). »

« Sous Toussaint-Louverture, dit encore Malenfant, la colonie était florissante ; les blancs vivaient heureux et tranquilles sur leurs biens, et les nègres travaillaient. »

Un autre témoin oculaire, le général Pamphile Lacroix, déclare que

(1) *Des Colonies*, et particulièrement de celle de Saint-Domingue.
(2) Lettre du premier consul Bonaparte à Toussaint-Louverture, 1800.

« la colonie marcha comme par enchantement vers son ancienne splen-
deur ; la culture prospéra ; chaque jour en rendit les progrès plus sen-
sibles ; la ville du Cap et les habitations du Nord se relevèrent à vue
d'œil (1). »

La fatale invasion de Leclerc détruisit cette prospérité croissante.
Les nègres défendirent leur liberté avec toute la rage que doit inspirer
le souvenir récent de la servitude, et ils n'hésitèrent devant aucun sacrifice. Dans cette conflagration horrible, tout s'engloutit ; les plaines
furent dévastées, les habitations incendiées, et les colons, qui jusqu'alors avaient conservé leurs propriétés, furent dépouillés pour toujours.

L'indépendance de l'île fut conquise par des flots de sang et fondée
sur des ruines. Elle s'en est ressentie longtemps ; elle s'en ressent encore. Les sucreries avaient été détruites, la culture de la canne aban-
donnée, tellement que, pendant longtemps, il fut presque impossible
de s'y procurer une once de sucre. Et il s'est trouvé des raisonneurs
d'assez mauvaise foi pour comparer les exportations de 1789 avec celles
de 1805, afin d'en tirer la conclusion que la race noire est incapable de
tout travail productif, dépourvue de toute intelligence industrielle ! — Il
n'y a guère plus de sincérité à s'étonner que les habitants d'Haïti
n'aient pas encore réalisé chez eux la civilisation européenne avec son
luxe et ses délicatesses. La génération qui a porté les fers de l'esclavage n'y est pas encore éteinte, et celle qui arrive aujourd'hui à l'âge
mûr a fait son éducation au milieu des massacres et de l'incendie. Il
n'y a pas un quart de siècle que ce pays jouit de la paix ; elle ne date
que de la mort de Christophe, en 1820. Cependant, il paraît établi que
la population a doublé dans l'intervalle qui s'est écoulé depuis la fin des
grandes luttes, en 1803, et la conclusion du traité avec la France, en
1826 (2). Or, nous savons que c'était le contraire sous l'ancien régime, et nous voyons de même aujourd'hui la population esclave
décroître dans nos colonies. L'état de cette île, que l'on nous dit
voisin de la barbarie, et qui sert d'argument contre l'émancipation
des noirs, vaut donc pour eux mieux encore que la servitude.

(1) *Mémoires pour servir à l'histoire de la révolution de Saint-Domingue ;*
1819.

(2) D'autres calculs donnent à Saint-Domingue 450,000 habitants à l'époque de
l'évacuation, 750,000 aujourd'hui. Leur nombre aurait donc à peu près doublé en
quarante ans. La loi de croissance observée dans notre pays est beaucoup moins
rapide ; la population s'y double seulement dans un espace de cent trente-sept ans.
(*Sur le mouvement de la population en France*, par M. Mathieu, de l'Institut.
Annuaire du bureau des longitudes, 1842.)

Des documents rassemblés par un homme dont la loyauté et les lumières ont mérité le respect universel, M. Zacharie Macaulay (1), présentent la nation haïtienne comme marchant d'un pas régulier dans les voies du progrès. Tel est aussi le tableau qu'en ont tracé le célèbre socialiste Robert Owen et le capitaine anglais Richard Hill, après l'avoir visitée en 1830. Un voyageur français, plus récent, M. Victor Schœlcher, semble en avoir rapporté une opinion beaucoup moins favorable (2). Suivant lui, le peuple d'Haïti serait en proie à de grandes misères matérielles et morales ; mais il accuse de ces maux les rivalités de caste qui divisent les noirs et les mulâtres ; il en accuse surtout un gouvernement égoïste qui aurait entretenu à dessein ces tristes querelles et la dépravation qui les accompagne, pour se faciliter la jouissance du pouvoir. Les événements dont la république est devenue le théâtre semblent justifier l'accusation. Puissent-ils préparer une ère nouvelle, non-seulement à cette contrée, mais à la race noire tout entière !

ABOLITION DE LA TRAITE EN ANGLETERRE ET EN FRANCE.

Pendant que la politique anglaise prêtait secours aux planteurs de Saint-Domingue, armés contre les décrets libérateurs de la convention, l'œuvre d'humanité se continuait à Londres. Les deux partis, Fox et Pitt, se coalisaient pour obtenir l'interdiction de la traite ; mais leurs efforts échouaient dans le parlement. Devenu à la charge en 1806, Fox, alors ministre, prononça ces belles paroles : « Je regretterais d'avoir employé inutilement ma vie pendant quarante ans, si je ne parvenais à accomplir cette tâche ; » et, après une vive et longue discussion, il réussit en effet à faire déclarer le commerce des esclaves une industrie contraire à la justice, à l'humanité, à la saine politique, et à faire adopter des mesures sérieuses pour sa répression. C'était une digne expiation, car, dit Clarkson, « la vérité est qu'aucune nation n'a pris une part plus grande à la traite que l'Angleterre. »

La polémique avait duré dix-neuf ans ; les voix les plus éloquentes, comme les plus hautes intelligences, y avaient pris part : Burke, Sheridan, Windham, Dundas, Grey, Lansdowne, Grenville, etc. L'abolition act of slavery porte la date du 6 février 1807 ; il fixait le terme de la traite au 1er janvier de l'année suivante. La loi du 4 mai 1811

(1) *Haïti.* Ouvrage traduit de l'anglais, Paris, 1855.
(2) *Colonies étrangères,* 1843.

vint lui donner une sanction pénale ; et enfin, en mars 1824, sur la
proposition de Canning, le trafic des esclaves fut déclaré piraterie,
exemple que les États-Unis d'Amérique avaient déjà donné en prononçant la peine de mort contre ce crime. L'attente des adversaires de
l'abolition fut trompée ; elle n'eut que de bons résultats pour le commerce britannique. Liverpool, qui possédait un grand nombre de bâtiments négriers, ne perdit rien de sa prospérité ; et les noirs, mieux
traités dans les colonies anglaises, ne virent pas diminuer leur population. Il est vrai de dire qu'on en avait importé un grand nombre dans
les années qui précédèrent le vote du parlement. La Jamaïque en 1787,
ne possédait que 250,000 noirs ; elle en comptait, dit-on, 400,000
en 1807.

L'Angleterre ne se borna point à porter la réforme dans ses propres
domaines ; elle introduisit la question au congrès de Vienne, et obtint
des représentants des diverses puissances la déclaration solennelle
qu'elles prendraient des mesures collectives pour l'abolition d'un commerce « qui avait trop longtemps désolé l'Afrique, dégradé l'Europe et
affligé l'humanité. » Telle fut l'énergique réprobation signée par les
plénipotentiaires. Cette déclaration est du 8 février 1815, et, chose
étrange ! ce fut Napoléon qui, deux mois après, revenu de l'île d'Elbe,
en décréta le premier la mise à exécution, lui qui avait fait tant d'efforts
pour remettre les noirs en servitude. Louis XVIII, en 1814, lorsque la
France eut recouvré ses colonies, s'était empressé d'y rétablir la traite,
abolie par les Anglais ; il fut obligé de la supprimer à sa seconde restauration (novembre 1815). Enfin, un acte législatif formel l'interdit en
1818 (15 avril), et une loi plus formelle encore le 25 août 1827.

La plupart des autres puissances durent marcher dans la même
voie. Néanmoins, les lois prohibitives de la traite furent constamment
éludées ; elle continua, surtout par les bâtiments portugais, mais aussi,
il faut bien le dire, sous le pavillon français. La restauration ne ré-
prima jamais sincèrement et sérieusement cette infâme industrie ; c'est
depuis 1830 seulement qu'elle a cessé d'être pratiquée par nos compatriotes.

Wilberforce, en 1815, avait proposé au Parlement, pour mettre un
terme à la traite, la mesure la plus efficace sans doute : c'était un bill
d'enregistrement de tous les esclaves, avec prohibition d'en introduire
de nouveaux. Il fut repoussé comme portant atteinte au droit de propriété. Les dénombrements authentiques de population ont toujours été
fort difficiles à exécuter aux colonies. Les planteurs n'y voient pas
seulement un obstacle à l'augmentation du nombre de leurs esclaves,

mais aussi la création d'une sorte d'*état civil*, qui blesse profondément
les idées reçues parmi eux ; ils répugnent à laisser pénétrer dans leurs
établissements les agents de l'administration, souvent même ils les ont
repoussés par la force. Depuis peu d'années seulement, avec grand-
peine et très-incomplétement, on est parvenu à introduire le recensement dans les possessions françaises des Antilles.

DROIT DE VISITE RÉCIPROQUE.

Parmi les moyens de répression de la traite proposés par l'*Institut
africain* de Londres figurait la reconnaissance générale d'un droit de
visite maritime réciproque. Cette proposition, faite sans arrière-pensée,
par des hommes essentiellement philanthropes, fut accueillie avec empressement par le gouvernement britannique ; elle donnait à une ambition séculaire l'occasion d'atteindre son but. L'Angleterre sait trop
bien qu'en telle matière les contrats de réciprocité sont illusoires ; elle
seule peut exercer dans toute son étendue cette haute police des mers :
institution grande et bienfaisante, sans doute, si elle ne devait avoir
pour résultat d'assurer à une puissance la domination exclusive de
l'Océan.

Aussitôt que la déclaration du 8 février 1815 eut été rendue par le
congrès de Vienne, malgré l'opposition des États à esclaves, et particulièrement du Portugal, représenté par M. de Palmella, l'Angleterre
s'empressa de réclamer la pratique du droit de visite, qu'elle prétendait
en être la conséquence.

Les puissances maritimes pénétrèrent sans peine la pensée envahis-
sante qui s'abritait derrière un sentiment d'humanité. L'Espagne résista longtemps et ne céda qu'à une sorte de contrainte, le 23 septembre 1817. Le droit de faire la traite lui fut racheté par une indemnité
de 10 millions de francs (400,000 liv. st.). La nouvelle loi pénale contre les négriers, présentée récemment par M. Martinez de la Rosa, n'a
été admise aussi par la législature que comme une nécessité politique,
avec un déplaisir formellement exprimé dans le rapport, qui la déclare
préjudiciable aux intérêts du pays. « Le droit de visite, ajoute ce rapport, est une calamité pour notre commerce et une honte pour notre
pavillon : il faut que le gouvernement travaille à affranchir l'Espagne
de cette charge. »

La discussion a prouvé d'ailleurs que les idées abolitionistes ont fait
peu de progrès en Espagne. La plupart des orateurs ont, à l'occasion,
donné quelques regrets au commerce des noirs. N'auraient-ils pas

dû se souvenir que de leur patrie vint jadis la première impulsion aux affranchissements d'esclaves en Europe?

A la même époque (1817) où l'Angleterre obtenait de l'Espagne un privilége longuement convoité, elle en imposait le poids au Portugal, et l'a maintenu malgré les nombreux soulèvements de la fierté lusitanienne. On peut juger pourtant de la véhémence avec laquelle cette fierté s'exprimait par ce manifeste chevaleresque qui fut un jour inséré dans le *Procurados* de Lisbonne :

« Je soussigné, Joas-Pedro-Santa da Silva Lemos, déclare qu'à la première insulte qui sera faite au pavillon portugais par un bâtiment de la marine anglaise, je jure guerre éternelle aux Anglais et à leur commerce, m'offrant de commander comme capitaine ou de servir comme matelot sur le premier corsaire qui sera armé. Je jure également, à la première nouvelle qui me parviendra d'une insulte faite au pavillon de Portugal par les Anglais, de brûler sur la place publique tous mes effets et habillements de manufacture britannique. Je jure aussi haine éternelle à tous ceux qui se montreront favorables aux Anglais, lesquels méritent d'être exécrés plus encore que les Jacobins des anciens jours. »

Après la déclaration d'indépendance du Brésil, l'Angleterre obtint encore le droit de faire visiter les navires de ce nouvel Etat par des croiseurs chargés de réprimer la traite. Cette convention, passée pour quinze années en 1826, n'a été mise à exécution qu'en 1830. Elle est maintenant périmée, et le gouvernement de Rio-Janeiro vient d'en donner avis à celui de Londres, en déclarant qu'il n'entendait pas la renouveler. Désormais les tribunaux ordinaires du pays veilleront à l'exécution des lois, qui, d'ailleurs, cela résulte d'un contrat antérieur à la séparation du Brésil et du Portugal, punissent la traite comme piraterie.

Les Etats-Unis d'Amérique se refusèrent dès le principe aux exigences du cabinet anglais, malgré leur désir sincère de supprimer la traite, manifesté par la rigueur extrême de leurs mesures de répression.

Ils proposèrent un autre système, qui consistait à assimiler le crime de traite à celui de piraterie, c'est-à-dire à dénationaliser les négriers, comme le sont les pirates d'après le droit des gens, ce qui ne leur laisse la protection d'aucun pavillon. Dans ce système, tout navire a le droit de les arrêter et de les conduire devant les tribunaux, mais à ses risques et périls, nul ne devant prétendre au privilége général de visiter tous les bâtiments qu'il rencontre pour vérifier leur cargaison. Le traité conclu à Washington, le 9 août 1842, entre M. Daniel Webster et lord Ashburton, au nom de leurs gouvernements, stipule que chacun entretiendra sur les côtes d'Afrique une escadre suffisante pour surveiller son pavillon, et que les chefs de ces escadres auront pouvoir d'agir de concert en cas de besoin.

Le gouvernement des Bourbons s'était également refusé avec persistance au droit de visite. Lord Wellington écrivait en 1814 à Castelreagh que ce droit semblait trop *désagréable* à la France pour qu'on pût espérer de l'obtenir. Nous lisons dans la correspondance diplomatique de Canning des plaintes amères sur la défiance manifestée par le plénipotentiaire français au congrès de Vérone : « On ne croit nullement en France, dit-il, à la sincérité du peuple anglais et de la législature de notre pays à cet égard ; on y attribue notre empressement et nos instances à des calculs d'intérêt personnel et commercial. Une loi nouvelle, présentée en conséquence des sollicitations de l'Angleterre, serait infailliblement rejetée par la législature française. »

Le pouvoir qui succéda à la révolution de juillet ne montra pas la même opposition ; sa diplomatie crut ne point payer trop cher l'alliance anglaise, en oubliant que la France avait toujours glorieusement veillé sur le principe de la liberté des mers. Son exemple entraîna dans la même voie le Danemark, la Suède, la Hollande, et même des puissances qui n'ont aucune possession transatlantique.

Nous avons employé jusqu'ici ce mot de *droit de visite* parce qu'il a été consacré par des discussions récentes ; mais les publicistes anglais établissent une distinction importante entre la *visite*, qui consiste simplement à vérifier le droit d'un navire à porter le pavillon qu'il arbore, et la *recherche*, qui a pour objet d'examiner la nature de sa cargaison, afin de l'arrêter en cas de contravention. Or, ce n'est pas le droit de visite, c'est le droit mutuel de recherche que la France et l'Angleterre ont consenti par les traités de 1831 et de 1833, c'est ce droit que l'on prétendait rendre irrévocable et perpétuel par les négociations de 1841.

Ceux qui attachent un si grand prix à la paix entre les deux nations, n'ont-ils point senti que des conventions acceptées avec tant de répugnance sont un principe permanent de collisions et de rupture ?

Des débats passionnés ont eu lieu récemment sur la question de savoir si l'on maintiendrait les traités de 1831 et 1833. Le sentiment national s'est révolté légitimement parmi nous ; il a cru voir dans un pareil contrat beaucoup moins l'intention d'abolir la traite que celle de favoriser la supériorité maritime de l'Angleterre ; il a cru surtout à cette intention, lorsque l'Angleterre, trouvant chez les Américains une opposition qu'elle ne pouvait espérer de vaincre, a renoncé au droit de recherche dans ses traités avec eux. L'abdication de ce droit à l'égard d'une seule puissance, le rend complétement nul, puisqu'il suffit qu'un pavillon en soit exempt pour que tous les négriers l'empruntent et naviguent sous sa sauvegarde. Il est donc permis de supposer que l'Angleterre se préoccupe d'un autre but, et sa persévérance à revendiquer le droit de recherche devient d'autant plus suspecte que ses agents eux-mêmes reconnaissent l'insuffisance du moyen quant à la répression de la traite. M. Ashton, ambassadeur à Madrid, écrivait dans une dépêche du mois de décembre 1841 concernant les nègres de Cuba : « Malgré la coopération franche et loyale que l'Espagne a donnée à l'abolition de la traite, il est incontestable que l'abus, au lieu de diminuer, n'a fait qu'augmenter. » Son prédécesseur, lord Clarendon, a tenu le même langage devant le parlement, en juillet 1844 : « La traite, dit-il, au lieu de diminuer, a augmenté, et j'affirme, sans crainte d'être démenti, que le nombre des personnes arrachées à leurs familles pour être livrées à l'esclavage, est double de ce qu'il était quand la traite était tolérée. Aujourd'hui la traite se fait plus que jamais sous pavillon espagnol et brésilien, et malgré nos lois et l'opinion, des Anglais sont intéressés dans ce trafic. »

De son côté, le capitaine américain Wilkes, déclare qu'au Brésil, malgré les croiseurs anglais, l'arrivage des esclaves se fait abondamment et égale la demande (1). — Enfin ne sait-on pas que dans les colonies où la population décroît annuellement, le prix des esclaves n'augmente pas d'une manière sensible? La traite peut seule les alimenter.

C'est d'ailleurs une chose officiellement avouée aujourd'hui, des deux côtés du détroit, que l'impuissance du droit de recherche, soit qu'on en attribue la cause à ses défauts essentiels ou aux résistances de l'opinion publique.

Lord Palmerston a ajouté que cette police maritime avait rendus plus cruels encore les procédés des négriers. Quiconque, en effet, a pris le soin d'étudier la question ne saurait se dissimuler que la poursuite des pirates sur l'immensité de l'Océan, outre qu'elle est difficile, onéreuse, et, nous venons de le voir, inefficace, a trop souvent pour conséquence de leur inspirer des expédients plus barbares que la traite

____

(1) *Récit d'une expédition scientifique des Etats-Unis* durant les années 1838, 1839, 1840, 1841 et 1842, par C. Wilkes, commandant de l'expédition.

elle-même. Pour échapper à la surveillance des croiseurs, ils entassent leur marchandise humaine dans des espaces plus étroits, plus cachés, plus meurtriers; pour fuir rapidement, ou pour anéantir les preuves de leur crime, ils jetteront à la mer leur cargaison vivante!

La piraterie algérienne s'est continuée malgré les croisières de Malte; elle a persisté aussi longtemps que l'asile même des pirates n'a pas été détruit. Il en sera ainsi de la traite tant qu'on ne l'attaquera pas à son point de départ et à son point d'arrivée. Il faut porter la civilisation sur la côte d'Afrique, comme l'essayent aujourd'hui certaines sociétés anglaises; il faut en même temps abolir partout les marchés d'esclaves, comme ils le sont déjà dans les possessions anglaises et françaises, ainsi qu'aux États-Unis d'Amérique. Lorsque ces trois puissances seront d'accord pour le vouloir, aucun gouvernement n'osera les refuser, et les voleurs d'hommes n'iront plus chercher une marchandise à laquelle tous les débouchés seront fermés.

L'opposition, dans les débats relatifs à cette affaire, a pris pour mot d'ordre la surveillance exclusive du pavillon national, établie par le traité américain de 1842. C'est la conséquence de ce principe fictif que le navire est un prolongement du territoire; c'est une protestation contre le privilège exorbitant dont une seule puissance allait, par le fait, se voir investie. Mais, outre que la surveillance d'une seule marine serait plus impuissante encore que celle de plusieurs, il en résulterait une complète impunité pour les négriers appartenant à un État qui n'aurait point de marine militaire, et pour ceux qui marcheraient frauduleusement sous son pavillon.

On a proposé de placer à bord de chaque bâtiment croiseur des commissaires de diverses puissances, chargés spécialement de la visite de leurs nationaux (1).

On a proposé la création d'une marine neutre, formée et entretenue à frais communs par les États maritimes, et exerçant la police sur la portion des mers qui n'est point susceptible d'être nationalisée par le voisinage des terres. Cette gendarmerie de l'Océan exercerait le droit de visite, de recherche et d'arrestation; elle défèrerait les délinquants à leurs juges naturels (2).

On a proposé le blocus hermétique des ports africains et la destruction des factoreries.

(1) *Abolition du droit de visite réciproque, et extension de la visite nationale,* in-8, 1844.

(2) *Du droit de visite,* par M. Auguste Colin. *Revue indépendante,* 25 février 1845.

La France et l'Angleterre s'entretiennent en ce moment de toutes ces questions par la bouche de deux hommes également sincères dans leurs vœux pour l'abolition de la traite (le duc de Broglie et le docteur Lushington). Puissent-ils convenir d'une solution efficace ! Aucuns sacrifices ne seront impossibles, hormis ceux qui toucheraient à l'honneur national.

Mais si les grandes puissances étaient arrivées à ce degré d'union qu'elles pussent adopter un projet semblable à celui que nous indiquions tout à l'heure, et qui transformerait le droit maritime tout entier, ne seraient-elles pas assez fortes aussi pour frapper le mal dans sa racine, pour abolir l'esclavage lui-même ? C'est le remède profond, radical, le seul qui puisse guérir cette hideuse plaie, c'est celui que nous appelons de tous nos vœux. Le droit de recherche fût-il sans danger pour la liberté des mers, sans danger pour l'humanité, sans danger pour la paix, nous le repousserions aujourd'hui, de crainte qu'il ne servît de prétexte aux adversaires de l'émancipation pour ajourner cette grande mesure de justice, et peut-être de prudence.

ABOLITION DE L'ESCLAVAGE DANS LES COLONIES ANGLAISES.

L'abolition de l'esclavage, grâce à l'Angleterre, à qui l'humanité en doit une éternelle reconnaissance, l'abolition de l'esclavage ne peut plus être mise au rang des utopies. C'est l'entreprise la plus grande, peut-être, qui soit réservée à notre temps.

C'est en 1823 seulement que le parlement anglais, par une motion de M. Fowel Buxton, ami et interprète de Wilberforce, fut réellement saisi de cette question, qui, jusqu'alors, n'avait apparu qu'incidemment et d'une manière détournée dans la polémique relative à la traite. M. Buxton se fonda sur l'exemple de certaines parties des États-Unis d'Amérique, où l'esclavage avait disparu sans trouble et sans dommage par l'affranchissement graduel ; il réclama ce mode d'affranchissement pour la population noire des colonies britanniques.

La motion de M. Buxton fut amendée par l'assemblée. Elle se transforma en une série de mesures de réforme, destinées à préparer l'émancipation, en améliorant la condition des noirs. Ces mesures avaient pour objet : 1° l'éducation et l'instruction religieuse des esclaves ; 2° leur admission au témoignage, dans les procédures civiles ou criminelles ; 3° la légitimation de leurs mariages et la protection de leurs droits conjugaux ; 4° la garantie que des ventes séparées ne désuniraient plus les familles ; 5° le droit de se racheter à un prix raison-

nable ; 6° le droit de posséder des propriétés et de les transmettre ;
7° l'abolition de quelques châtiments cruels ; enfin, la limitation du
pouvoir absolu des maîtres et une meilleure administration de la justice.

Ces résolutions ne furent bien accueillies ni par les colons, qu'elles
gênaient dans leurs habitudes de despotisme, ni par les esclaves, auxquels on avait fait espérer davantage. Aussi, tandis que certaines législatures locales protestaient contre l'intervention de l'autorité mé-
tropolitaire, en la déclarant une violation des chartes coloniales, les
noirs de plusieurs îles tentèrent des soulèvements pour obtenir un
affranchissement immédiat, qu'ils croyaient consacré par la métropole
et suspendu dans son exécution par l'influence des pouvoirs locaux.

Cependant cette réforme incomplète, mais courageusement poursui-
vie, ne demeura pas sans fruits, puisqu'en 1831, le gouvernement
anglais crut pouvoir faire un nouveau pas, et un pas décisif ; il donna
l'exemple aux colons, en prononçant l'affranchissement immédiat et
général des esclaves de la couronne (*crown slaves*) ; puis il créa des
magistrats protecteurs, chargés d'interposer, au besoin, leur autorité
entre les maîtres et les esclaves. Cette innovation éprouva les résistances les plus vives de la part des colons ; les troubles augmentèrent ;
la situation des colonies fut regardée comme tellement menaçante,
qu'il était indispensable de prendre promptement un parti. Celui qu'on
prit fut plein de hardiesse.

Le 14 mai 1833, lord Stanley, secrétaire d'Etat des colonies, présenta au parlement un projet d'abolition de l'esclavage dans les possessions britanniques, projet qui fut adopté par les chambres et sanc-
tionné par la couronne le 28 août suivant.

Cet acte prononçait l'émancipation générale des esclaves, à dater du
1ᵉʳ août 1834, sous la condition qu'un noviciat leur serait imposé,
noviciat de quatre ans pour les esclaves domestiques, de six ans pour
les esclaves laboureurs que l'on supposait moins préparés à la liberté.
Les uns et les autres, sous le nouveau nom d'apprentis-travailleurs
(*apprentice-labourers*), devaient continuer à employer leurs bras pour
le compte des anciens maîtres, sans qu'on pût exiger d'eux plus de
quarante-cinq heures de travail par semaine, ou cinq jours de travail à
neuf heures par jour. A ces dispositions fondamentales venaient s'en
joindre beaucoup d'autres concernant l'affranchissement des enfants
au-dessous de six ans, l'entretien des vieillards et des infirmes, la faculté du rachat, la suppression des châtiments arbitraires, etc. Enfin
une indemnité de vingt millions de livres sterling (500 millions de

francs), répartie entre dix-neuf colonies, était accordée aux planteurs
dépossédés.

RÉSULTAT DE L'APPRENTISSAGE.

Trois ans après cette résolution parlementaire, le 6 novembre 1837,
lord Glenelg, secrétaire d'Etat des colonies, écrivait dans une dépêche :
« Jusqu'ici les résultats de la grande expérience de l'abolition de l'esclavage ont justifié les plus vives espérances des auteurs et des avocats
de cette mesure. — Quiconque avait réfléchi sur la nature humaine et
l'histoire de l'esclavage pouvait s'attendre à ce qu'une telle réforme ne
se fît pas sans inconvénients. Je m'estime donc heureux de pouvoir
assurer qu'il s'est fait, dans ce court laps de temps, un progrès dans
l'état social qui ajoutera au bonheur de l'humanité, et dont l'histoire
n'offrit jamais un plus grand exemple. Ce qui distingue surtout ce
progrès, c'est qu'il s'est accompli sans le moindre trouble, sans la
plus légère commotion, sans le renversement d'aucune institution sociale ou le moindre affaiblissement de l'autorité souveraine. Au contraire, plus de respect a entouré des lois qui offraient une plus égale
protection aux droits de toutes les classes de la société. Avec le sentiment d'une sécurité croissante, la valeur de la propriété s'est élevée
au point qu'il est permis d'espérer que la crise finale et déjà si prochaine se fera sans que le bon ordre en soit troublé. »

L'état d'apprentissage est ici montré sous un aspect trop exclusivement favorable. D'autres documents nous apprennent que les colons
des Antilles, considérant le travail forcé de leurs anciens esclaves bien
moins comme une préparation à la complète délivrance que comme un
supplément d'indemnité, s'efforcèrent, à la Jamaïque surtout, de rendre l'apprentissage aussi semblable que possible à la servitude. Les
législatures locales, très-indépendantes de la métropole, établirent un
luxe de châtiments corporels que la pratique exagéra bientôt, à ce
point qu'ils durent être dénoncés au parlement. Le gouverneur, sir
Lyonnel Smith, dans un message du 29 octobre 1837, disait : « L'île
mérite ce reproche, que les apprentis sont, à certains égards, dans
une condition pire qu'ils n'étaient à l'époque de l'esclavage. » — Quant
à ces derniers, auxquels on avait annoncé la liberté *dans le sens le
plus absolu du mot*, ils s'impatientaient d'une situation qui lui ressem-
blait si mal. Ils croyaient qu'on les trompait en n'exécutant pas à leur
égard la volonté du roi d'Angleterre. Il en est même qui s'évadèrent
de la Dominique en 1835, et vinrent se réfugier dans nos colonies à

esclaves (1). « L'apprentissage, dit M. Schoelcher, a ce vice fondamental, que le maître, sachant qu'il n'a plus qu'un temps à jouir, veut demander beaucoup, tandis que l'esclave, sorti de la dépendance absolue, ne veut plus rien donner du tout. »

Ajoutons que le terme de toute servitude allait arriver pour une portion des apprentis, tandis que les autres devaient la subir encore pendant deux années. Cette distinction, inspirée par un sentiment de prudence, ne se révélait à l'esprit de tous que par son injustice, et des symptômes d'agitation inquiétaient les colonies.

L'état anormal créé par le système d'apprentissage avait été, dès le principe, l'objet de vives critiques. Un partisan éclairé de l'émancipation, lord Howick, refusa de concourir à son établissement ; il aima mieux résigner le poste important qu'il occupait dans le cabinet dont son père, le comte Grey, était le chef. Des plaintes diverses ne tardèrent pas à se produire dans les débats du parlement ; de graves abus furent signalés ; d'innombrables pétitions (l'une d'elles, adressée à la reine, était revêtue des signatures de six cent mille femmes) furent déposées par lord Brougham et par le marquis de Sligo. Ce dernier, propriétaire à la Jamaïque et récemment gouverneur de la colonie, homme dont l'expérience était d'un grand poids dans une semblable question, déclara que, quelle que fût la décision adoptée, il entendait accorder la liberté entière à tous les apprentis de ses domaines. De plus amples garanties furent données aux affranchis ; mais la proposition de faire cesser l'apprentissage, appuyée par O'Connell à la chambre des communes, combattue par lord Stanley, lord John Russel et sir Robert Peel, fut écartée après de longues et vives discussions.

ÉMANCIPATION DÉFINITIVE. — RÉSULTAT.

Cependant l'effet moral de ces discussions fut jugé irrésistible aux colonies, qui se montrèrent en cela éclairées et prudentes. Tandis qu'on délibérait encore à Londres, les législatures locales, fatiguées d'un état intermédiaire sous le poids duquel tout languissait, usèrent du droit d'initiative que le bill de 1833 leur avait réservé ; elles se prononcèrent pour la libération générale et immédiate des apprentis. Dès lors le gouvernement métropolitain n'avait plus qu'à prendre des mesures propres à faciliter la prochaine transformation. Elle s'effectua partout, le 1er août 1838, avec calme et régularité, et fut accompagnée de fêtes reli-

____

(1) De Lacharrière, *De l'Affranchissement des esclaves*, 1836.

gieuses qui imprimèrent à ce grand événement un caractère plein de
majesté. Sept cent mille êtres vivants virent tomber leurs chaînes, et
furent appelés à la qualité d'hommes. Depuis ce moment, la tranquillité des colonies anglaises n'a pas été troublée ; l'instruction se répand
parmi les noirs, le nombre des crimes et délits a généralement diminué (1), les unions légitimes se multiplient ; un voyageur (M. Candler)
déclare qu'aujourd'hui « le mariage, qui était presque inconnu à la
Jamaïque, y est devenu trois fois plus commun qu'en Angleterre, pro-
portionnellement au nombre des habitants. Des blancs eux-mêmes, sti-
mulés par l'exemple, honteux d'être moins honnêtes que ces nègres
autrefois si vils, consacrent leur union avec la mère de leurs enfants. »
On a vu, et cela prouve déjà une remarquable spontanéité de bons sentiments, les nègres songer à leurs anciens frères d'infortune, et ouvrir
des souscriptions entre eux pour en adresser le montant à la société
abolitioniste de Londres, ou pour aider à répandre l'Évangile en
Afrique. Enfin, un des principaux planteurs de la Dominique disait à
M. Schoelcher : « Je ne voulais pas de l'apprentissage, je ne voulais
pas non plus de l'émancipation ; avant et après je m'en suis déclaré
l'ennemi. Mais, à l'heure qu'il est, je pense qu'avec du temps et de
bonnes lois, l'émancipation sera avantageuse pour tout le monde. »

Toutefois, il résulte des statistiques dressées depuis l'affranchissement, que le travail des sucreries, et, par suite, leur production, ont
sensiblement diminué dans plusieurs colonies anglaises.

Doit-on attribuer cette réduction à la perturbation accidentelle
qu'un changement aussi capital devait nécessairement amener ? Doit-on
donner raison à ceux qui regardent la population nègre comme enne-
mie du travail et dépourvue de toute intelligence industrielle ; en un
mot, à ceux qui prétendent que le sol des colonies ne peut être cultivé
par des mains libres ?

D'après les premiers rapports adressés au gouvernement anglais sur
les résultats de l'émancipation, il paraîtrait que la cessation du travail
aurait été déterminée par les tentatives des planteurs pour réduire les
salaires. Le 24 septembre, le gouverneur de la Jamaïque écrivait au
secrétaire d'État des colonies : « Deux faits des plus importants sont
établis par l'expérience : le noir libre s'est partout montré désireux de
travailler, moyennant une juste rémunération. Bien loin de se retirer
dans les bois pour y croupir dans l'indolence, comme le prédisaient les

____

(1) *Un Hiver aux Antilles en 1839-40*, par Gurney ; 1842. — *Précis de l'abolition de l'esclavage dans les colonies anglaises* ; rapports recueillis par le ministère de la marine, 1re et 2e publications.

ennemis de l'émancipation, il se soumet aux plus mauvais traitements plutôt que d'abandonner sa case. — Malgré beaucoup de tentatives faites pour produire une baisse factice dans le prix du travail, et quel que soit le joug qui s'appesantisse sur la classe des travailleurs, leur conduite a été patiente et soumise au delà de tout éloge. »

« Je n'hésite pas à déclarer à Votre Seigneurie, ajoutait-il le 3 décembre, qu'il ne manque au succès du travail libre à la Jamaïque qu'un traitement équitable accordé aux travailleurs. »

La Jamaïque représente à elle seule près d'un tiers du capital des Antilles britanniques, et plus de la moitié de leur revenu ; elle comptait aussi la moitié du nombre total des esclaves affranchis par l'acte d'abolition (322,000 sur 639,000). Or, les documents publiés sur la situation de cette grande île, d'accord en cela avec ceux qui se rapportent aux autres colonies (1), tout en constatant un ralentissement dans les travaux, semblent prouver que des débats sur le chiffre des salaires, trop d'exigence d'une part, et de l'autre beaucoup de mauvais vouloir, en ont été la cause principale. Les noirs libérés se livrent au trafic et à la petite culture, plus productive pour eux et moins pénible que la grande ; celle de la canne fut si longtemps le symbole de leur servitude, qu'ils ne se déterminent point à y retourner sans l'appât d'un gain exorbitant. Leur travail est d'ailleurs très-discontinu, très-irrégulier ; ils semblent se complaire dans le caprice, afin de goûter la jouissance, nouvelle pour eux, du libre arbitre. « Il faudra plusieurs années, peut-être, disait en 1839 le gouverneur d'une des colonies anglaises (la Trinité), pour que la population noire s'accoutume à l'état de liberté, et comprenne la responsabilité morale de se suffire à elle-même pour échapper aux maux qu'entraîne l'indolence. »

Cette indolence, d'ailleurs, n'est-elle pas le résultat d'un régime social sous lequel l'esclave n'a jamais pu apprendre la relation qui existe entre le travail et les avantages qu'il procure ? Son travail, en permettant aux maîtres de vivre dans l'oisiveté, ne lui a jamais procuré à lui-même un surcroît de jouissance. C'est une allégation quasi proverbiale que celle de la paresse des noirs ; mais on en a fait souvent un emploi malheureux. Nous lisons ce passage dans le rapport d'un officier de marine, chargé par le gouvernement français de visiter les Antilles britanniques pour y étudier les résultats de l'émancipation :

« Il est arrivé à la Jamaïque ce que j'ai observé ailleurs ; c'est que,

---

(1) Voir les Papiers parlementaires (*Parliamentary Papers*), publiés depuis 1833. Ils forment 45 volumes in-folio, que M. Jules Lechevalier a compulsés et analysés dans son immense et utile *Rapport sur les questions coloniales*, t. II.

dès que les noirs n'ont plus été contraints de travailler, ils se sont aban-
donnés à leur paresse naturelle. Ils ont peu de besoins ; le produit de
leurs anciens terrains, les fruits de leurs jardins, leur procurent bien
au delà du salaire que peuvent leur offrir les planteurs.

« N'éprouvant pas la nécessité de travailler, quand ils le font, c'est
un acte de complaisance de leur part ; et alors ce ne sont pas les noirs
qui sont les obligés, mais celui qui les emploie. Dans les colonies émancipées, à la Jamaïque surtout, les rôles sont intervertis. »

L'auteur de ce rapport est peu favorable à l'émancipation, et la
phrase que nous venons d'extraire a été particulièrement citée par les
adversaires de cette mesure. Cependant elle prête, selon nous, peu de
force à leurs arguments. Comment ! les noirs, en cultivant leur jardin,
peuvent gagner *bien au delà* des salaires de la grande culture, et ils
ne vont pas, *par complaisance* pour leurs anciens maîtres, qui les
obligeaient de travailler sous le fouet, reprendre la houe de l'esclave ?
Singulier reproche, il faut l'avouer, et que l'on peut encourir sans être
taxé de paresse.

Nous n'aurions pas relevé cette contradiction, si le passage qui nous
l'a présentée ne jetait une lumière vraie sur le sujet qui nous occupe.
Les nègres gagnent en effet par la culture de leur jardin légumier beaucoup plus que dans les sucreries. Ce qui le prouve, et ce qui prouve
en même temps qu'ils ne se sont point livrés à l'inactivité, c'est ce
qu'ils ont accompli pour eux-mêmes. On cite le seul comté de Berbice,
à la Guyane, où les nègres se sont construit 1,184 maisons, habitées
aujourd'hui par 1,223 familles (4,646 personnes) formant le quart de
la population totale. Ces cottages sont entourés de terres en rapport ;
vers le milieu de 1842, ils possédaient 2,828 hectares, achetés pour
la somme de 540,000 fr. — Ce qui le prouve encore, c'est que,
malgré la diminution constatée dans le produit des cannes, la Grande-
Bretagne a vu s'accroître notablement l'exportation de ses marchan-
dises. Or, ce que les noirs achètent et consomment de plus qu'autrefois ne peut représenter qu'un surcroît de bénéfice acquis par le
travail libre. On en peut aussi tirer cette conclusion que l'ancien esclave
ne profite pas de son indépendance pour retomber dans des habitudes
de barbarie, mais qu'au contraire il éprouve de plus en plus les besoins
d'une civilisation avancée.

Un autre fait qui atteste la même tendance, c'est l'ardeur extrême
avec laquelle les noirs libres recherchent les moyens d'instruction, que
d'ailleurs le gouvernement anglais leur a donnés avec une grande libé-
ralité. Un sentiment d'amour-propre qui les honore, leur inspire sur

toute chose le désir de ressembler aux blancs, de devenir leurs égaux, d'imposer enfin silence au préjugé de la couleur qui les a si longtemps comprimés. Et pourtant cette juste ambition n'a pas été sans une influence défavorable : on voit d'anciens esclaves détourner leurs enfants du travail pour les envoyer à l'école, et ce n'est pas un faible sujet d'alarmes pour l'avenir.

Les rapports anglais parlent de cette *science de la plume et de l'encre*, comme disent les nègres, avec autant d'amertume que l'on en trouve chez nous dans la bouche de certains hommes, lorsqu'ils fulminent contre les ouvriers et les paysans lettrés.

On raconte qu'à Maurice un colon avait fondé un asile rural où il employait des jeunes garçons au jardinage. Mais bientôt les mères vinrent les enlever. « Maintenant que nous sommes libres, disaient-elles, nos enfants ne doivent plus travailler à la terre. »

Être libres, en effet, ressembler aux blancs, c'est pour eux vivre exempts des labeurs matériels, surtout des labeurs de la terre, et parmi ceux-ci spécialement de la culture des cannes. En l'infligeant parfois comme punition, on a encore augmenté leur répugnance à cet égard. Cette observation appartient à M. de Humboldt : « On menace, dit-il, le nègre employé au service domestique du travail de la cafeterie, et le nègre employé à la cafeterie de la rude tâche de la sucrerie (1). »

Nous tenons d'une personne qui a longtemps habité les colonies, que les serviteurs les plus indociles et les plus rebelles au travail de la terre sont ceux que leur tatouage au front signale comme appartenant à des races princières et qui en conservent un certain orgueil. Les noirs de leur pays les respectent, leur obéissent et les reconnaissent pour chefs lorsqu'il s'agit d'ourdir des complots. Mais ces mêmes princes, souvent très-intelligents et très-adroits, réussissent parfaitement dans l'apprentissage des métiers. Un habile ouvrier est un instrument qui se loue fort cher aux colonies, et le surplus de gain qui lui reste après avoir payé la redevance à son maître lui donne les moyens de se racheter ; c'est une perspective dont le nègre prince est singulièrement jaloux.

Ainsi donc, plusieurs causes, et parmi elles l'influence du sentiment le plus honorable, l'horreur des souvenirs de l'esclavage, ont contribué dans l'origine au ralentissement du travail colonial.

A peine la déclaration d'affranchissement eut-elle été promulguée, que les noirs se mirent à s'agiter, à courir çà et là, comme pour s'as-

(1) *Essai sur l'île de Cuba.*

surer de leur liberté de locomotion. Ils jetèrent leurs outils comme l'écolier jette ses livres pour partir en vacances.

Par haine des professions serviles, tous les hommes se faisaient pêcheurs, toutes les femmes couturières ; celles-ci abandonnèrent complétement la houe pour s'occuper des soins du ménage ; les enfants, qu'on envoyait tout petits aux champs, cessèrent d'y aller pour fréquenter l'école ; les hommes les plus laborieux se donnèrent un peu de repos, et les paresseux, les mauvais sujets (comment ne s'en serait-il pas trouvé dans une pareille société ?), délivrés de la contrainte, se livrèrent à l'oisiveté, si facile dans ces doux climats.

Les planteurs de la Jamaïque accordaient à leurs nègres un seul jour par quinzaine, en remplacement de la subsistance qu'ils leur devaient ; vingt-six journées de travail par an suffisent donc pour l'entretien d'un homme. Demandez-vous ce qui arriverait si le stimulant du besoin cessait tout à coup d'animer nos populations. Se remettraient-elles aussitôt au travail par amour du travail même, ou par un sentiment de devoir social ? C'est apparemment là pourtant ce qu'on demande aux nègres affranchis ; et qui sait si les reproches les plus violents ne viennent pas de tel qui jouit dans l'oisiveté du travail de ses pères !

Faut-il donc s'étonner si la production du sucre a langui aux colonies ? Chacun devait le prévoir ; si les abolitionistes ont annoncé le contraire, ils ont eu tort. Leurs adversaires étaient bien mieux fondés à prédire, comme ils l'ont fait, une stérilité complète. Ils devraient aujourd'hui faire amende honorable de leur erreur en voyant que tout se réduit à un abaissement d'un quart environ sur la récolte ordinaire.

Quant aux planteurs, ils ont dû perdre davantage, car la diminution des produits a coïncidé avec l'accroissement des frais de main-d'œuvre, et la hausse des prix sur les marchés n'a pu compenser le dommage.

Peut-être le gouvernement anglais a-t-il partagé lui-même l'opinion hautement proclamée à l'avance, que l'intérêt individuel des affranchis stimulerait leur activité, et que la production coloniale irait croissant dès que l'émancipation serait prononcée. Cette attente a été trompée, nous venons de le voir, du moins quant aux denrées exportables, et cela au préjudice des planteurs, tandis que l'exercice des petites industries a procuré aux anciens esclaves des moyens de bien-être nouveaux. De ce dernier fait est sorti un résultat sur lequel avait compté sans doute un gouvernement calculateur ; nous l'avons déjà signalé : c'est l'accroissement de consommation dont a profité la métropole.

Le relâchement du travail eut pour conséquence inévitable une hausse des salaires tellement exagérée, que bientôt des habitations furent cultivées à perte, ou, du moins, sans bénéfice. D'un autre côté, cette aisance inaccoutumée donna aux libérés le goût du luxe et des folles dépenses, que l'intérêt commercial ne manqua point d'encourager. Avec les habitudes du bien-vivre pénétrèrent chez eux des désordres inconnus jusque-là. Ceci ne doit point surprendre de la part d'une population dépourvue d'instruction morale, que tentait à la fois et les vices de l'esclave et l'exemple des vices du maître. On devait donc s'attendre aussi à un accroissement de crimes et de délits : à l'honneur de la race noire le contraire arriva. On ne vit pas non plus se produire un résultat que MM. de Tocqueville et de Beaumont ont constaté en Amérique : c'est une mortalité plus grande parmi les affranchis que parmi les esclaves (1). Ces derniers sont exempts de soucis, l'intérêt du maître et la discipline des ateliers pourvoient à tout, et détournent même les dangers de leurs passions désordonnées ; l'affranchi, novice à se gouverner, se heurte contre tous les écueils de la vie et ne sait pas résister à ses propres entraînements qui le perdent.

Malgré toutes ces causes de déviations, il y a dans la liberté tant de vertu moralisante, que ses effets ont frappé tous les observateurs de bonne foi. Tous reconnaissent, par exemple, que l'émancipation a créé, chez les anciens esclaves, un esprit national, incompatible avec leur condition précédente. Ils défendraient aujourd'hui le sol comme les colons eux-mêmes ; tandis que dans nos îles l'apparition d'un étranger qui proclamerait la délivrance, serait probablement le signal d'une défection universelle. La sûreté extérieure, comme la tranquillité au dedans, appellent donc l'affranchissement.

Quant aux unions légitimes, si rares encore dans nos colonies (2), elles se sont extrêmement multipliées dans celles de nos voisins, depuis l'émancipation.

Voici un tableau comparatif qui mérite attention :

« De 1828 à 1834 (six années sous le régime de l'esclavage), il n'y avait eu, dans l'île d'Antigue, que 291 mariages. De 1834 à 1839 (six années de liberté) il y en a eu 2,025. »

« Le recteur de Saint-John, durant les sept dernières années de la servitude, n'avait marié que 110 couples. Dans le cours de la seule an-

---

(1) *Du système pénitentiaire aux Etats-Unis*, t. II, p. 251. — *Marie ou l'esclavage aux Etats-Unis*, t. I, p. 128. — Emerson, *Medical statistic*, p. 28. Reports of the health office of Baltimore.

(2) Voir les statistiques du mariage, dans les documents imprimés par ordre du ministre de la marine. — Dans six communes visitées par le procureur du roi de Fort-Royal, en mai et juin 1841, ce magistrat n'a constaté que douze unions légitimes sur une population de près de trois mille noirs.

née 1839, le nombre des mariages bénits par lui s'est élevé à 185. »

M. Schoelcher, après avoir raconté ces choses, s'écrie : « Les nègres ont fait plus de progrès en deux ans de liberté, qu'ils n'en avaient fait en quatre siècles de servitude (1). »

Une des vertus particulières du nègre, le sentiment de famille, doit être signalé comme la cause principale de sa répugnance pour les travaux de grande culture. Quant à la petite, au contraire, il l'affectionne beaucoup. Le jardinage autour d'une case à lui et habitée par les siens, voilà ce qui le satisfait complétement ; voilà ce qu'il a réalisé partout où se trouvaient des terrains vagues ou des domaines de la couronne, sur lesquels il lui était permis de s'établir. Ceux d'entre les noirs qui continuent à cultiver la canne au service des planteurs, ont même presque tous quitté les habitations communes pour se construire des maisons particulières. Cette émigration donne aux anciens établissements un aspect abandonné qui trompe le voyageur, car un peu plus loin il rencontrera des villages riants et bien peuplés. Quand la ressource des champs vacants leur a manqué, ceux des affranchis qui avaient pu faire quelques épargnes pendant les années d'apprentissage, les ont employées à l'acquisition de parcelles de terre. Le gouverneur de la Jamaïque faisait connaître, en décembre 1840, que, dans cette colonie, le nombre des petites propriétés au-dessous de trente acres s'était élevé, depuis 1838, de 2,014 à 7,848.

On a vu aussi les nègres s'associer pour de tels achats, et quelquefois en très-grand nombre. L'habitation de *North-Brook*, à la Guyane, contenant à peu près 500 acres de terre, fut acquise en 1839 par soixante-trois d'entre eux, pour la somme de dix mille gourdes (50,000 fr.), économisée sur leurs gages depuis le 1er août 1838. Le gouverneur, en annonçant cette nouvelle, ajoute que les règlements établis par ces nouveaux associés sont tellement sévères, que des gens sobres et bien déterminés à travailler seront seuls tentés de s'engager parmi eux. Lord Stanley, dans un discours à la chambre des communes, citait encore l'habitation *Orange-Nassau*, achetée par une société de cent quarante et un noirs, et l'*Amitié*, achetée par une autre société de cent vingt, au prix de 900,000 fr.

Le résultat, facile à prévoir, des petits établissements, auxquels on a donné le nom général de *free-settlements*, c'est que la production de la canne est restée en souffrance. Là, au contraire, où toutes les terres cultivables se sont trouvées occupées, le nègre n'a pas pu quitter les

(1) *Colonies étrangères*, t. I, p. 197, 198.

grandes plantations, et la déclaration de liberté n'a été suivie d'aucun changement dans le travail. Il est pourtant juste de dire que partout les habitations dirigées avec intelligence et humanité n'ont point manqué de laboureurs ; on a vu, dans certaines sucreries, les anciens esclaves revenir d'eux-mêmes reprendre les travaux, après avoir établi un village libre dans le voisinage. Le succès a dépendu, beaucoup plus qu'on ne croit, du caractère personnel des planteurs.

ANTIGUE.

L'île d'Antigue était dans les conditions territoriales dont nous avons parlé tout à l'heure : elle offrait moins de terres vagues qu'aucune autre. Les colons surent apprécier l'avantage d'une telle situation : lorsque l'acte du 28 août 1833 leur parvint, les autorités et les principaux habitants se prononcèrent pour une émancipation immédiate sans apprentissage. Cent cinquante propriétaires ne craignirent point de mettre en liberté tout d'un coup et sans préparation aucune une population de plus de trente mille esclaves. Et leur confiance ne fut pas trompée. Les trente mille libérés ne profitèrent de leur délivrance que pour aller solennellement en rendre grâce à Dieu dans les temples. Jusqu'alors, chaque année, les fêtes de Noël, en donnant trois jours de repos et de saturnales aux ilotes, avaient été trois jours d'alarmes pour les colons. On publiait la loi martiale et la milice entière demeurait sur pied. En 1834, cinq mois après l'affranchissement, les fêtes eurent lieu au sein d'un calme parfait, et les colons, rassurés, ne tardèrent point à supprimer leur milice comme une dépense inutile.

Depuis ce moment, la production, constatée par le chiffre des exportations, n'a cessé de s'accroître, et les propriétés ont presque doublé de valeur, puisqu'elles se vendent aussi cher aujourd'hui que lorsque les esclaves y étaient attachés (1).

Le sort des travailleurs a-t-il éprouvé des progrès correspondants ? Oui, suivant les uns (2). La décroissance des délits et des châtiments atteste leur amélioration morale, et ces hommes, esclaves il y a six ans, apprécient déjà toutes les jouissances de la civilisation ; il n'est pas rare de trouver chez eux le *comfort* et même le luxe de notre vie

(1) Rapport de M. Halley, capitaine de corvette, envoyé par le ministre de la marine pour étudier l'émancipation dans les colonies anglaises ; 1838.

(2) Schœlcher, *Colonies étrangères* ; 1843.

européenne. — Loin de là, disent les autres (1), un nouvel esclavage pèse sur ces malheureux : la misère ; c'est le prolétariat dans ses plus dures conditions. Le noir esclave était entretenu par son maître ; le noir libre, placé dans l'alternative de mourir de faim ou de travailler sur les grandes plantations, a bien dû s'y résoudre ; mais l'exiguïté du sol en culture, réparti entre un petit nombre de propriétaires, a permis à ceux-ci de se concerter ; de sorte que l'avare salaire de l'ouvrier suffit à peine à ses besoins. Le maître a recueilli tous les profits de l'émancipation. Enfin le malaise est si grand, que des esclaves évadés de la Guadeloupe ont demandé à rentrer dans leurs fers, parce qu'ils ne trouvaient point de quoi vivre à Antigue.

À travers l'exagération probable de ces rapports contradictoires, on peut constater un fait, c'est l'activité du travail à Antigue. Cet exemple paraît avoir suffi pour encourager les planteurs de quelques autres îles, car divers expédients ont été par eux tentés pour atteindre le même but.

ESSAIS DE RÉACTION.

Mais toutes ces tentatives avaient, au fond, pour pensée, de reconstituer, sous de nouvelles formes, l'ancien régime colonial.

D'abord on essaya d'enchaîner les nègres par des contrats obligatoires ; mais la répugnance de ceux-ci pour tout ce qui ressemble à la servitude opposa les plus grands obstacles.

On essaya de paralyser la petite culture par un excès de production, en inondant les marchés de vivres de toute espèce ; mais les besoins sont si bornés dans ce climat, que les nègres jardiniers souffrirent d'une telle concurrence moins qu'on ne l'avait d'abord espéré.

Alors on est allé droit à l'ennemi qu'il s'agissait de combattre : on a interdit aux nègres de s'établir dans les domaines vacants ou dépendants de la couronne ; on ne leur a plus concédé de terrains pour la petite culture, ou bien l'on a prohibé celle des plantes qui forment leur principal aliment ; puis on leur a défendu de se transporter, soit d'une colonie à l'autre, soit même d'une plantation à une autre. Rien n'a été négligé pour les empêcher de devenir pro-

(1) Rapport de M. Layrle, capitaine de vaisseau, envoyé par le ministre de la marine pour étudier l'émancipation dans les colonies anglaises; 1841.

priétaires, et pour les contraindre à accepter la condition de journaliers.

Si la métropole entrait dans cette voie, il serait permis de croire
que l'émancipation, au lieu d'être conçue dans une véritable pensée
religieuse, n'a été entreprise que pour protéger des intérêts depuis
longtemps menacés par un régime aussi condamnable aux yeux de
l'économiste qu'aux yeux du philanthrope.

ACCUSATIONS CONTRE L'ANGLETERRE.

Une accusation a été portée contre l'Angleterre ; elle s'est
exprimée par des publications, par des discours de tribune ; elle a surtout retenti dans nos colonies ; elle y a même été répétée officiellement.
On a dit que l'Angleterre, dans l'espoir de transporter aux Indes la production des denrées tropicales et de leur en assurer le monopole, avait
résolu de sacrifier ses propres colonies d'Amérique, en y donnant un
exemple fatal pour les imitateurs ; ou tout au moins, qu'après avoir,
par un acte d'imprudente philanthropie, causé la ruine de ses possessions des Antilles, elle voudrait entraîner dans la même ruine celles des
autres puissances.

Nous repoussons une telle calomnie. Un grand peuple ne fait point
de ces misérables et inhumaines spéculations ; l'indignation publique les
aurait bientôt dévoilées. La vérité, c'est que le gouvernement anglais
n'a pu résister à l'impulsion des sociétés abolitionistes, impulsion généreuse et sincère dans son but ; et c'est après une opposition de vingt-
cinq ans qu'il a fini par céder.

Peut-être ne comprenons-nous pas bien ce grand mouvement philan-
thropique et religieux, qui impose à l'Angleterre d'immenses sacrifices,
en même temps qu'elle ne craint point de blesser, par des exigences telles que le droit de visite, l'orgueil national des autres peuples.

La France aussi n'est-elle pas mal comprise par les étrangers, lorsqu'ils prennent pour une ambition de conquête ce mouvement expansif
de sociabilité qui l'excite à porter au loin l'empire de ses idées et de
ses sentiments ?

Les hommes d'État de la Grande-Bretagne, Robert Peel, John
Russel, Stanley, ont d'ailleurs pris soin d'accréditer eux-mêmes cette
accusation, lorsque, dans la discussion de la loi des sucres, ils ont déclaré que l'Angleterre devait chercher dans ses possessions asiatiques
une compensation aux pertes occasionnées par l'affranchissement des

Antilles; lorsque, traçant le tableau magnifique de l'avenir réservé à l'Indostan, ils promettaient d'y produire le sucre *meilleur, et à meilleur marché que dans le reste du monde.*

Un reproche analogue s'est exprimé plus hautement encore en Amérique, à l'occasion des efforts du cabinet anglais pour empêcher l'annexion du Texas au territoire des États-Unis. On a dit que l'Angleterre prétendait détruire l'esclavage au Texas, afin de le battre en brèche dans les États-Unis eux-mêmes, et d'y porter une atteinte mortelle aux cultures tropicales (1). Les organes de la presse britannique n'ont point dissimulé cette intention : « Nous désirons abolir l'esclavage aux États-Unis d'Amérique par des motifs philanthropiques et commerciaux, et plus politiques encore que commerciaux. Tant que les États-Unis d'Amérique auront le monopole du coton, ils tiendront en échec toutes les manufactures européennes et leur dicteront des lois. Or, ils conserveront le monopole du coton tant qu'ils conserveront le travail des noirs. Si, au contraire, l'Angleterre parvenait à empêcher l'annexion du Texas, elle pourrait un jour, avec l'Inde, ruiner le commerce du coton et dicter à son tour des lois à toutes les manufactures du monde. » (*Morning Herald.*)

Il s'est formé d'ailleurs, au cap de Bonne-Espérance, une compagnie anglaise qui fait des expériences pour y acclimater la production du coton par le travail des indigènes. On compte sur le succès pour remplacer les colonies américaines et faire concurrence aux États-Unis.

Que l'Angleterre, après avoir effectué son grand acte d'humanité, ait songé à en tirer parti dans l'intérêt de son éternelle politique de suprématie maritime et commerciale ; qu'elle ait songé à provoquer le même sacrifice de la part des autres puissances dans leurs colonies, moins préparées que les siennes à un tel changement, avec l'espoir de rétablir en sa faveur l'équilibre du travail lucratif ; qu'elle s'occupe aujourd'hui particulièrement de fonder dans ses riches possessions de l'Inde la production du sucre et du coton, et qu'elle le fasse avec plus d'avantage qu'aux Antilles, où elle avait pour concurrents la France, l'Espagne, le Brésil, les États-Unis, tandis qu'elle ne rencontre en Asie d'autre rivale que Java, devenue redoutable, il est vrai, depuis que la séparation de la Belgique et de la Hollande a rendu cette dernière à sa véritable destinée de nation maritime et colonisatrice : tous ces calculs sont possibles ; ils sont même vraisemblables. Mais ils ne sauraient di-

______

(1) Dépêche de M. Calhoun, secrétaire d'état, à M. King, ministre américain à Paris.

minuer notre admiration pour le spectacle qui s'est accompli sous nos
yeux. N'est-ce pas quelque chose de bien grand, en effet, que de voir
l'esclave arriver d'un seul pas à la liberté, sans luttes sociales, et par la
prudente concession de ses dominateurs ? Dégageons dans notre pensée
ce fait de tout alliage impur, de toute spéculation intéressée, et l'émancipation des colonies britanniques doit nous apparaître comme l'œuvre
la plus belle de notre époque, après la Révolution française.

CONSÉQUENCES ÉCONOMIQUES DE L'ÉMANCIPATION ANGLAISE
POUR LA MÉTROPOLE.

Si les sociétés religieuses se déclaraient complétement satisfaites
par la destruction d'un état de choses antipathique à la morale et à
l'humanité, il ne manquait pas en Angleterre, pays essentiellement calculateur, de gens disposés à considérer la question de l'affranchissement au point de vue de la production et de la consommation. La
métropole éprouvait, par la réduction des récoltes aux Antilles, un
contre-coup assez sensible. Le prix des sucres s'élevait considérable-
ment sur ses marchés ; le consommateur se plaignait et demandait
l'abaissement des droits énormes qui grèvent les sucres étrangers. Ses
réclamations succombèrent devant des intérêts coalisés : l'intérêt des
colons, qui voyaient dans le monopole un moyen de compenser par la
cherté de la marchandise ce qu'ils perdaient en quantité, et de payer
le haut salaire de main-d'œuvre exigé par les affranchis ; l'intérêt des
Indes orientales, où la culture de la canne prenait, grâce à l'élévation
des prix, une extension extraordinaire. Enfin, à ces oppositions vint se
joindre celle des abolitionistes, parce que l'admission d'un sucre produit par des bras esclaves pouvait favoriser le maintien de la servitude
dans les colonies chargées de le fournir.

NOUVEAUX ESSAIS.

On songea donc à de nouveaux moyens d'augmenter la production,
et les efforts tentés pour mettre ces moyens en pratique sont la meilleure preuve de l'importance qu'attache l'Angleterre à ses possessions
américaines.

Divers rapports sur l'état des colonies concluaient qu'un accroissement du nombre des bras pouvait seul amener une concurrence favorable au développement du travail. Cet accroissement ne devant plus être

demandé à la traite, on lui substitua l'immigration, et des primes d'encouragement furent établies en sa faveur.

Il s'agit d'abord d'ouvriers attirés des colonies voisines, des États-Unis et même de l'Europe. Les blancs apportaient une éducation agronomique supérieure ; leur exemple réhabilitait le travail des champs aux yeux des nègres, et leur collaboration aux mêmes emplois portait un coup décisif au préjugé de la couleur. Mais ce ne fut point assez ; on fit venir des *coulis*, habitants libres de l'Inde engagés pour cinq ans. Le ministère anglais n'y consentit qu'après avoir fait quelques objections fondées sur la pensée dont nous avons parlé, qu'il serait peut-être avantageux de transporter au Bengale la principale fabrication du sucre, au lieu d'amener à grands frais une masse de travailleurs des Indes orientales aux Indes occidentales.

L'insuffisance des bras continuant à se faire sentir, un plan nouveau fut imaginé pour s'en procurer. Ce plan consistait à embaucher à Sierra-Leone, à Sainte-Hélène, etc., des nègres autrefois confisqués à la traite et libérés, pour les mener aux Antilles ; il consistait encore à organiser sur la côte d'Afrique le rachat de nègres que la guerre a faits esclaves de leurs concitoyens, pour les délivrer, moyennant un engagement de plusieurs années de travail. C'est ce que l'on a qualifié d'*émigration libre africaine*. Telles sont les bases d'une proposition soumise, en 1842, à la chambre des communes, par lord Stanley, secrétaire d'État des colonies. Les nègres acceptent, dit-on, volontiers ces émigrations passagères, dans l'espoir de revenir au pays avec un pécule, comme nos Auvergnats et nos Savoyards. Les relations que leurs retours établiraient entre les populations africaines et une civilisation plus avancée seraient certainement fort désirables ; mais, quelles que soient les précautions recommandées par les auteurs du projet pour empêcher qu'il ne devienne un rajeunissement de la traite, il est impossible d'en dissimuler les dangers.

D'abord une proclamation du gouverneur de Sierra-Leone va nous montrer jusqu'à quel point les engagements sont volontaires :

« Tous les Africains saisis sur un bâtiment négrier et amenés dans la colonie de Sierra-Leone sont invités, ou à émigrer pour les colonies anglaises d'Amérique, ou à établir qu'ils sont en état de pourvoir eux-mêmes à leur nourriture et à leur entretien. En conséquence, toute allocation, de quelque nature que ce soit, à l'exception des vêtements qui couvraient leurs corps, leur sera immédiatement refusée. »

Puis, le rachat des nègres encouragera, comme autrefois, les peuplades de la Guinée à se faire la guerre ; comme autrefois, le plus faible sera conduit avec violence de l'intérieur à la côte, et peut-être égorgé si son possesseur n'en trouve pas le placement, ou si lui-même refuse le contrat proposé ; comme autrefois, et malheureusement cela n'est déjà plus une hypothèse, les spéculateurs chargés du transport des engagés se livreront envers eux aux cruautés dont on accuse les négriers.

Enfin l'humanité doit-elle favoriser ce calcul des planteurs, plus avantageux pour eux que l'esclavage lui-même : utiliser les années de vigueur de l'ouvrier sans avoir la charge de son enfance ni de ses vieux jours ?

Les sociétés abolitionistes se sont émues de ces considérations ; elles se sont alarmées surtout à l'idée qu'une pareille concurrence de travail ruinerait la population affranchie des Antilles, et la réduirait à la triste condition des ouvriers anglais employés dans les fabriques (1).

CONCLUSIONS SUR L'ÉMANCIPATION ANGLAISE.

Nous n'avons point dissimulé les graves inconvénients de la solution que l'Angleterre semble aujourd'hui vouloir donner aux difficultés soulevées par l'émancipation coloniale. Ajoutons cependant, avant de terminer ces détails, que, s'il faut en croire des renseignements récents, les difficultés dont il s'agit auraient sensiblement diminué. Des tiraillements ont cessé, des obstacles ont été aplanis, le travail des plantations paraît reprendre une certaine activité, la confiance renaît, le crédit se relève ; et ce qui le témoigne, c'est que les colons ne craignent pas d'entreprendre de grandes dépenses d'amélioration sur leurs propriétés, dont la valeur reprend une marche ascendante ; on assure même qu'une réaction s'est opérée dans l'opinion à la Guyane et à la Jamaïque, et qu'elle s'oppose depuis quelque temps à l'immigration de nouveaux travailleurs aux frais de ces colonies. On commence à penser que l'accroissement du nombre des bras ne vaut point l'économie des frais de production par l'introduction des bonnes méthodes de culture et des bons procédés de fabrication ; en un mot, on commence à compter sur les lumières et sur la moralisation pour rendre la prospérité au pays.

(1) Nous apprenons en effet, par un discours de M. Ch. Dupin à la chambre des pairs, que la condition des ouvriers anglais n'est pas enviable, même par des esclaves. — Voici deux tableaux parallèles qui l'établissent sans réplique : Aux colonies, sur 100 enfants noirs, quatorze ans après la naissance il en reste 74 vivants ; 26 sont morts. — Dans le comté de Lancastre, sur 100 enfants libres, deux ans après la naissance il en reste 26 ; 74 sont morts.

Mais la statistique elle-même vient heureusement ici donner raison à la philanthropie. Le gouvernement anglais a publié des tableaux officiels dans lesquels sont comparées, sous le rapport des produits coloniaux, les huit années écoulées depuis le bill d'émancipation avec les huit années qui l'avaient immédiatement précédé. Il résulte de cette comparaison que la diminution des récoltes n'a point dépassé un quart, ainsi que nous le disions tout à l'heure, diminution attribuée par les colons eux-mêmes à la température défavorable ; d'un autre côté, l'élévation des prix a compensé la perte des planteurs. A Maurice, la production du sucre a toujours été croissante (1).

Cependant le ministère vient de proposer une réduction de droits sur les sucres provenant de pays où l'esclavage n'existe pas, et l'on doit attendre de cette mesure une influence très-encourageante pour l'émancipation générale.

Lord Stanley a pu dire au parlement (séance du 22 mars 1842) : « Le résultat de la grande expérience d'émancipation, tentée sur l'ensemble de la population des Indes occidentales, a surpassé les espérances les plus vives des amis mêmes les plus ardents de la prospérité coloniale. Non-seulement la prospérité matérielle de chacune de ces îles s'est grandement accrue, mais, ce qui est mieux encore, il y a eu progrès dans les habitudes industrieuses, perfectionnement dans le système social et religieux, et développement, chez les individus, de ces qualités du cœur et de l'esprit qui sont plus nécessaires au bonheur que les objets matériels de la vie. »

Et sir Robert Peel, qui s'était montré peu favorable à l'abolition de l'esclavage : « C'est la plus heureuse réforme dont le monde civilisé puisse offrir l'exemple. »

LE TRAVAIL LIBRE.

Le problème du travail libre aux colonies touche donc à sa solution. L'épreuve en grand manquait seule à cet égard, car les autorités les plus imposantes avaient déjà prononcé. Nous nous abstenons de citer les économistes dont l'opinion est formelle (2), comme nous nous som-

(1) Voir les rapports recueillis par le département de la marine et des colonies, troisième et quatrième publication. — *Rapport sur les questions coloniales*, par J. Lechevalier; annexes. — Rapport de la commission instituée pour l'examen des questions relatives à l'esclavage et à la constitution politique des colonies, par M. le duc de Broglie.

(2) Adam Smith, *Richesse des nations*, ch. 8. — Dupont de Nemours, *Éphémérides du Citoyen*, etc., etc.

— 52 —

mes abstenus de citer Montesquieu, qui donne en exemple le travail des mines, exploitées longtemps par des esclaves ou par des crimi- nels, et dont la prospérité ne date que du moment où le travail libre y fut introduit (1). Nous n'appelons en témoignage que des écrivains auxquels on ne contestera point la connaissance des lieux et des faits.

M. Poivre, intendant de l'île de France, homme aussi distingué par son caractère que par la portée de son esprit et sa haute expérience, s'exprime ainsi :

« Après ce que j'ai vu en Cochinchine, je ne puis douter que des cultivateurs libres, à qui on aurait partagé sans réserve les terres de l'Amérique, ne leur eussent fait rapporter le double du produit que tirent les esclaves.

« La terre, qui multiplie ses dons avec une espèce de prodigalité sous des cultivateurs libres, semble se dessécher même par la sueur des esclaves (2). »

La même opinion est professée par l'illustre M. de Humboldt dans son *Voyage aux régions équinoxiales*.

Il n'y a pas bien longtemps qu'aux États-Unis on croyait générale- ment certaines cultures impraticables sans esclaves. Pourtant l'escla- vage est aujourd'hui refoulé dans quelques provinces du Sud ; et dans celles qui l'ont aboli, les cultures se continuent par des mains libres.

La marine française ne s'est pas généralement montrée favorable à l'émancipation des noirs. Cependant, voici le langage récent d'un de nos marins amené à discuter cette hypothèse : « Est-il bien certain que nos colonies émancipées deviendraient improductives ? Nous ne le pensons pas, et il serait facile de démontrer que ces terres ne deviendraient pas stériles, par cela seul qu'elles auraient passé des mains de l'agricul- teur esclave aux mains de l'agriculteur affranchi (3). »

Il est raisonnable de reconnaître que l'état arriéré des modes d'ex- ploitation exigeant beaucoup plus de force matérielle que d'intelligence, rend le travail des colonies supportable seulement par les esclaves, tan- dis que, d'un autre côté, ce travail inintelligent tend à maintenir les mauvaises routines. C'est un cercle vicieux qui ne peut être rompu que par l'intervention de la liberté.

Non, la Providence n'a point donné cette terre à l'homme pour qu'il ne puisse en recueillir les fruits sans violer sans cesse les lois de sa

(1) *Esprit des Lois*, liv. XV, ch. 8.
(2) *Voyage d'un Philosophe*, ou Observations sur les mœurs et les arts des peuples de l'Afrique, de l'Asie et de l'Amérique.
(3) *Un Mot sur la Marine*, par M. Gourbeyre, capitaine de vaisseau, 1839.

propre nature ; elle ne l'a point éclairée par ce beau soleil, elle ne l'a point couverte de cette puissante végétation pour provoquer au crime celui qui veut en jouir ; elle n'en a point fait un paradis pour qu'elle soit habitée par des damnés.

Lorsque, dans des circonstances critiques, un orateur s'écria : Périssent les colonies plutôt qu'un principe ! cette parole put être interprétée comme un souhait de révolte. Mais donnons-lui son véritable sens : mieux vaudrait ne point produire de sucre aux colonies que de le produire en maintenant l'esclavage ; et il nous sera difficile de ne pas y souscrire. Si nous ne croyions pas que le travail libre fût possible, nous aussi nous dirions : Abandonnez la culture de la canne plutôt que de la cultiver par des esclaves. Si nous croyions que les races des tropiques peuvent seules féconder le territoire des Antilles, nous dirions : Abandonnez les Antilles aux races des tropiques, et formez avec elles des contrats d'échange avantageux pour tous.

LES TRAVAILLEURS EUROPÉENS AUX COLONIES.

Mais ce territoire n'a-t-il pas été cultivé d'abord par des Européens qui, sous le nom d'*engagés*, partageaient les labeurs des naturels du pays, réduits à la servitude ? Ces Européens n'ont-ils pas lutté contre un climat beaucoup moins salubre que ne l'ont rendu depuis les défrichements et le déboisement ? N'y a-t-on pas vu subsister par leur travail des familles du Nord (1) ? Ne voit-on pas aujourd'hui, à Cuba et à Porto-Rico, une race de cultivateurs, descendants des montagnards de la Galice et de la Biscaye, lorsqu'elle parvient à secouer son indolence, supporter ce climat aussi bien que la race tropicale ? Ne voit-on pas au Brésil beaucoup d'Indiens et de blancs accomplir, à côté des Africains, les travaux les plus pénibles (2) ?

(1) M. Lescallier, ancien administrateur à Saint-Domingue, cite une colonie de 4,000 Allemands, fondée en 1764, par ses soins et par ceux du comte d'Estaing, à Bombarde, près du môle Saint-Nicolas. « Les Européens cultivaient la terre de leurs propres mains et prospéraient à l'époque où les révolutions sont venues ensanglanter Saint-Domingue. (*Exposé des moyens de mettre la Guyane en valeur,* par M. Lescallier, 1791.)

(2) *Histoire du Brésil,* par M. Ferdinand Denis. — L'auteur anglais de l'ouvrage intitulé : *De la politique de l'Angleterre dans ses rapports avec les colonies,* dit : « Ce n'est pas l'inaptitude des blancs à travailler la terre, c'est leur orgueil « qui leur fait employer les bras des nègres. A la Barbade, un grand nombre de « descendants des familles originaires travaillent dans les champs comme y travail- « laient leurs aïeux, et ils paraissent plus forts et mieux portants que les autres...

Un jeune homme de la Guadeloupe, M. Rosemond de Beauvallon, qui a visité récemment l'île de Cuba, rend ainsi compte d'une de ses plus vives impressions :

« Dans les campagnes de Villa-Clara, j'ai vu partout sur mon passage le blanc travailler à la terre, entre l'homme de couleur et le noir, et pas un d'eux qui vit dans le travail la preuve d'une condition inférieure, et, dans la houe américaine, le dégradant emblème de l'esclavage.

« Ces faits, si rares aux colonies, et qui, dès maintenant, ont déjà laissé percer aux yeux du lecteur des déductions si graves et si nouvelles, je puis, quel que soit leur merveilleux, affirmer que je les ai vus (1). »

L'expérience des faits paraît avoir affaibli aux Antilles mêmes l'opinion que les citations précédentes ont pour objet de contester ; c'est du moins ce que l'on peut induire des rapports de deux voyageurs récents, MM. Schœlcher et Jules Lechevalier. Tous deux sont revenus d'Amérique avec des plans de réforme coloniale fondés sur l'organisation du travail libre, et sur une plus grande participation des blancs à ce travail. Le premier sollicite avec chaleur les Européens à l'émigration. « Nous ne nous adressons pas, dit-il, à la partie aventureuse de nos compatriotes ; c'est aux tristes victimes que fait l'anarchie sociale dans laquelle on laisse marcher la France au hasard, c'est aux *pauvres* que vont nos paroles. Il ne s'agit plus d'aller jouer un quitte ou double sur le tapis chanceux des îles, d'aller risquer une existence mal entamée à Paris contre une fortune rapidement amassée en Amérique. Rien de cela ; il s'agit de renoncer à la vieille patrie pour la nouvelle, d'échanger un travail insuffisamment rétribué, une huche vide, un âtre glacé où les enfants transis pleurent de froid sous des haillons à jour, une

« C'est la facilité avec laquelle on se procurait des nègres, c'est aussi l'influence de
« l'exemple qui ont entretenu cette opinion, que l'homme blanc ne peut supporter
« les fatigues de l'agriculture ; ce préjugé est dans les colonies le principal obstacle
« à l'industrie des Européens…. On dira peut-être que les blancs qui y travaillent
« la terre sont créoles et accoutumés au climat dès leur enfance ; j'en conviens,
« mais à Surinam on voit plusieurs natifs de la Hollande et de l'Allemagne, qui
« labourent leurs champs et qui conservent leur santé. Enfin je suis persuadé que,
« pourvu que le cultivateur européen ne s'expose pas trop à la chaleur du jour, il
« n'a rien à craindre. Ce qui fait périr tant de soldats et de matelots, c'est l'intem-
« pérance, c'est aussi le passage subit du chaud au froid ; ils travaillent et trans-
« pirent : ils boivent, s'enivrent, passent la nuit à l'air : le lendemain, la fièvre
« les saisit et les emporte. » (*The colonial policy of Great Britain. Philadelphia*, 1816.)

(1) *Revue Indépendante*, 10 juin 1844, p. 431.

vie misérable et douloureuse comme l'est celle d'un grand nombre
d'ouvriers d'Europe, même des plus honnêtes ; il s'agit d'échanger
tout cela, non pas contre des richesses prodiguées à un oisif par les
fatigues de ses nègres, mais contre un travail rapportant son juste salaire, une abondance perpétuelle assurée à l'homme laborieux, une vie
chaude et facile au sein de la nature la plus généreuse du monde, où
des enfants pleins de santé croissent tout joyeux sous un ciel déli-
cieux. »

Un écrivain qui a jeté de vives lumières sur ces questions, M. Ramon de la Sagra, semble croire qu'un jour les blancs exploiteront à peu
près seuls les parages des Antilles ; que la population nègre en disparaîtra pour aller porter dans son propre pays l'usage des cultures tropicales.

ESSAIS DE CIVILISATION EN AFRIQUE.

Nous avons hautement rendu justice à l'Angleterre pour la généreuse entreprise de l'émancipation que sa persévérance a su conduire à
fin. Nous ne la louerons pas moins des efforts qu'elle tente aujourd'hui
pour introduire la civilisation en Afrique, pour tarir les sources mêmes
où l'esclavage allait chercher ses victimes.

Il y a plus de quarante ans que l'Angleterre fonda sa colonie de
Sierra-Leone pour servir de champ d'asile aux esclaves libérés ; il y en
a vingt que l'Amérique suivit cet exemple en créant celle de Liberia,
sur la même côte, à quarante-huit lieues plus au sud-est. Toutes deux
travaillent à l'éducation des tribus africaines qui les environnent, et la
dernière, qui compte seulement 5,000 habitants, voit se placer sous
sa protection une population d'environ 15,000 nègres, dont elle élève
les enfants. Le gouverneur de cet établissement, tout le personnel de
l'administration et de la magistrature appartiennent à la race nègre ou
de couleur.

Les succès obtenus à Sierra-Leone et à Liberia ont excité l'émula-
tion des amis des noirs.

Si l'expédition du Niger, faite récemment par les soins de la société
Anti-slavery, à laquelle l'humanité doit tant de reconnaissance, n'a
point eu les succès que l'on en espérait, elle a laissé néanmoins des
germes qui porteront leurs fruits. Le climat a repoussé les Européens ;
mais ceux-ci se feront remplacer par des nègres attirés des Indes occidentales ; les nègres, revenus auprès de leurs frères, avec les habitudes

et les idées d'une société plus policée, leur apporteront une instruction agricole et des instruments aratoires destinés peut-être à changer la face de ce continent (1). Déjà l'instinct de cette race, que l'on déclare inhabile au progrès, a compris toute la portée de ce moyen civilisateur ; nous avons dit que les libérés des colonies anglaises ouvrent entre eux des souscriptions pour envoyer des missionnaires et faire prêcher l'Évangile dans le pays de leurs ancêtres.

Les princes africains commencent aussi à comprendre que le travail de leurs sujets et de leurs prisonniers serait pour eux plus productif que la vente de leurs personnes. L'abolition de l'esclavage ne viendra point à la suite d'un pareil calcul, mais il se transformera probablement en une sorte de glèbe, et la traite du moins disparaîtra.

Plusieurs de ces princes déjà semblent entrer dans cette voie. Le colonel Campbell, gouverneur de Sierra-Leone, en 1834, eut des conférences à ce sujet avec le roi de Bullom, Ali-Mohammed, voisin de la colonie. Celui-ci, l'année suivante, dans une grande réunion des chefs du pays, leur exposa qu'après expérience faite, chaque esclave, dont la vente eût mis dans ses coffres environ la valeur de 4 à 5 livres sterling, lui avait donné par son travail un bénéfice net de 7 1/2 livres sterling. Il finit par déclarer qu'il renonçait au trafic des hommes. Des motifs analogues ont provoqué la même résolution de la part des souverains de Barra et de Combo, au bord de la Gambie.

D'un autre côté aussi, l'horreur des expatriations forcées commence à se répandre dans ces contrées. On a vu se révolter et se rendre libres spontanément les troupeaux de quelques trafiquants d'esclaves : la marchandise s'est insurgée contre le marchand. On a vu aussi les noirs se réfugier en grand nombre dans l'institut agricole fondé par l'expédition du Niger, afin d'y trouver protection contre les négriers, et s'offrir pour y travailler moyennant un modique salaire.

Ce qui prouve d'ailleurs, sous le rapport purement économique, l'importance de cette entreprise, c'est l'accroissement considérable d'un produit particulier au pays. En 1827, l'Afrique fournit à l'Angleterre 98,070 quintaux d'huile de palmier, en 1840 cette importation s'est élevée à 285,800, en 1841 à 380,000, et on a lieu de croire qu'elle dépasse maintenant 500,000. On calcule que cette unique branche de commerce peut rapporter à l'Afrique plus que la traite ne lui a jamais donné dans ses époques les plus productives.

(1) Une ferme-modèle, établie au confluent du Niger et de la Tschadda, et dont le fondateur est mort en 1841, subsiste et prospère depuis cette époque, sous la direction d'un nègre américain venu de la colonie de Liberia.

MISSIONS CHRÉTIENNES ET MAHOMÉTANES.

Tandis que l'on s'adresse ainsi, dans un but d'humanité, aux spéculations de l'intérêt personnel, les missionnaires chrétiens étendent leurs relations, et font pénétrer peu à peu dans les mœurs des naturels la douceur du sentiment évangélique.

Une concurrence puissante vient en aide à ce mouvement civilisateur.

La capitale de l'Egypte est devenue le siége d'un établissement de missions musulmanes, répandant à profusion le Koran, comme les protestants répandent la Bible. Les apôtres mahométans traversent l'Afrique jusqu'à Tombouctou, et descendant le Niger, viennent élever leurs mosquées à côté des temples chrétiens. Il en existe une à Sierra-Leone, à quelques pas de la maison des missionnaires. L'œuvre de propagande se multiplie, et s'étend même jusqu'aux néophytes de l'Evangile, que l'on voit souvent quitter leur foi récente pour embrasser l'islamisme. D'après quelques rapports anglais sur la colonie, il semble que ces conversions ne soient pas seulement dues au zèle des convertisseurs, mais à la nature même de leur culte qui plairait davantage aux nègres. L'islamisme, en effet, contrarie moins leurs mœurs et leurs habitudes; il leur laisse la polygamie et l'esclavage domestique, et leur interdit seulement les fétiches et les sacrifices humains. Si l'on veut avoir égard à l'état moral des habitants du Dahomay et de l'Aschanty, il faut bien reconnaître que c'est déjà pour eux un immense progrès. L'abolition de la traite serait d'ailleurs une conséquence de l'enseignement du Koran, puisque les mahométans ne vendent pas leurs coreligionnaires en esclavage, et l'esclavage lui-même serait bientôt changé en un servage très-adouci.

D'un autre côté, les guerres continuelles que se font entre elles les diverses peuplades de la Nigritie pour alimenter les caravanes de négriers barbaresques, refoulent vers les régences de Tunis et de Tripoli, quelquefois des tribus entières, plus souvent des familles isolées. Elles y fondent des villages, se livrent à la culture et à diverses branches d'industrie; celles qui habitent dans le voisinage des villes leur fournissent des commissionnaires et des portefaix.

Aussitôt qu'un établissement nègre vient à se former, des marabouts arabes s'empressent d'aller y porter l'islamisme. Ils se mettent à la tête de la petite colonie, la gouvernent et se constituent ses protecteurs soit auprès du pacha, soit auprès des populations indigènes.

LE CLERGÉ CATHOLIQUE.

Au milieu de ce mouvement religieux et civilisateur auquel concourent des efforts si divers dans leur origine, quelle est la part du clergé catholique? Reconnaissons-le à regret, sous le rapport du zèle, de l'esprit de conciliation et de la sévérité des mœurs, il a été dépassé par les protestants de toutes les sectes; beaucoup d'ecclésiastiques envoyés aux colonies s'y sont montrés opposés à l'émancipation, et l'on affirme que plusieurs curés, même des préfets apostoliques, y sont possesseurs d'esclaves. Malheureusement leurs supérieurs ont aussi témoigné, dans quelques occasions importantes, peu de faveur pour cette cause, et le chef du clergé lui-même s'est borné à publier une bulle dont la timidité contrastait avec l'élan des missionnaires protestants. Quelle belle occasion pourtant de regagner la tête du mouvement libérateur dans le monde entier! Le représentant du Christ aurait-il oublié la mission des apôtres?

Ce sont les associations protestantes qui ont plaidé depuis un demi-siècle, et gagné de nos jours la cause de l'émancipation; ce sont les pays protestants qui accomplissent ce grand œuvre, et les pays catholiques maintiennent l'esclavage.

Ah! de toutes vos chaires, où vous parlez à la moitié du genre humain civilisé, prêtres, proclamez la fraternité des races; celle de Cham n'a-t-elle pas racheté sa malédiction par tant de souffrances? n'a-t-elle pas fait assez longtemps son purgatoire sur cette terre? Criez aux chrétiens : « Vos frères sont esclaves, ne dormez point que leurs chaînes ne soient brisées. » Alors on reconnaîtra en vous les vrais enfants de celui qui annonça la liberté aux hommes.

Mais nul n'a droit de manquer à cette sainte croisade :

Juifs! Moïse fut esclave.

Musulmans! Mahomet a dit : *Vous êtes tous de la même origine.*

Protestants! Luther et Calvin ont émancipé la raison humaine.

Philosophes! politiques! vous réclamez la liberté, n'est-ce pas pour tous?

L'ESCLAVAGE DANS L'INDOSTAN.

Pourquoi faut-il maintenant qu'après avoir montré l'Angleterre si active et si persévérante dans ses efforts de philanthropie, nous soyons obligés de reprendre une partie de nos éloges? Disons-le donc; le titre donné au grand acte du parlement du 28 août 1833 : *Abolition de l'esclavage dans toute l'étendue des colonies britanniques* est un déplorable mensonge. L'esclavage subsiste avec ses circonstances les plus odieuses dans une partie des possessions anglaises, bien plus importante que les Antilles, dans son empire de l'Inde ; et le duc de Wellington n'a pas craint de faire cette déclaration à la chambre des lords : « J'engage Vos Seigneuries à s'y résigner si elles veulent conserver dans l'Inde la domination britannique. »

Depuis lors, cependant, une résolution transmise au gouvernement des Indes a détruit virtuellement l'esclavage, en enjoignant aux cours de justice de ne sanctionner aucun droit sur le travail ou sur les biens d'autrui, sous prétexte d'un droit de propriété sur la personne. Il est également interdit aux officiers publics de procéder à la vente d'aucun esclave ; et les délits d'offense sont désormais assujettis à la même peine, quelle que soit la qualité de l'offensé.

Mais ce qui survit à cette abolition légale de la servitude, c'est l'ancien ilotisme, d'après les mœurs et les coutumes des Indiens, c'est l'esclavage traditionnel des classes inférieures, classes vaincues sans doute dans l'origine, ou, si l'on veut, des Indiens décastés, les Soudras, Pariahs, Chandalas, qui forment les neuf dixièmes de la population. Ceux-là ne sont pas seulement la propriété d'une personne ; ils appartiennent à tous par droit de naissance (1).

Ce n'est pas tout encore que de laisser subsister l'esclavage des indigènes. Si l'on en croit des rapports nombreux, le gouvernement britannique, qui poursuit avec tant de rigueur la répression de la traite africaine, qui demande à la France et aux Etats-Unis de sacrifier, s'il le faut, pour atteindre ce but, le principe de la liberté des mers, qui menace de guerre ceux qui ne s'associent pas assez vivement à son entreprise ; ce même gouvernement laisserait agir paisiblement les négriers qui peuplent d'esclaves sa colonie asiatique. Il a récemment acheté à un pauvre sultan de la côte orientale d'Afrique sa bourgade de Toujourra, pour la somme de 7,800 fr. une fois payés, et une pension de 156 fr. D'après le traité d'acquisition, les habitants continueront leur commerce d'esclaves.

(1) *The Laws and costum of slavery in Bristish India*, by William Adam. 1840.

De l'Esclavage dans l'Inde anglaise, par M. Armand Hain. — Voir l'*Abolitioniste français*, mars et avril — septembre et octobre 1844.

Des Castes de l'Inde, par M. J.-A. Dubois. — Voir la *Revue de l'Orient*. Mai 1844.

Joignez à ces faits les abus qui semblent devoir résulter, ainsi que nous l'avons signalé, de la prétendue émigration africaine. Ne serait-il pas étrange que l'Angleterre, après avoir tiré un si juste orgueil de ses efforts pour l'abolition de la traite, la rétablît elle-même dans d'autres lieux, sous d'autres noms ; qu'après avoir réclamé impérieusement de l'Europe le droit de visite et de recherche, elle nous obligeât d'entretenir des croiseurs pour poursuivre ses négriers ?

Rendons hommage aux sociétés abolitionistes : elles travaillent aujourd'hui à la destruction de la servitude dans l'Indostan avec la même ardeur qu'elles ont mise à en poursuivre la suppression aux Antilles ; déjà, aux dernières élections, elles ont invité les électeurs à ne donner leurs suffrages qu'aux partisans de cette mesure. Qu'elles emploient donc toute leur énergie à faire disparaître une détestable anomalie dans la conduite de leur pays ; il y va de l'honneur de l'Angleterre aux yeux des nations civilisées.

L'ESCLAVAGE AUX ÉTATS-UNIS.

Nous avons d'autres contradictions plus choquantes encore à signaler. Tout le monde connaît le touchant tableau qu'a tracé M. de Beaumont de l'esclavage aux États-Unis d'Amérique. Dans cette patrie de la démocratie, la législation met autant de soin et de prévoyance à interdire tout droit politique, civil ou naturel aux esclaves qu'elle en met à garantir ces droits aux hommes libres. Les deux races y sont tenues dans un état de séparation, au temple, au tribunal, au théâtre, et jusque dans les prisons, dans les hôpitaux, même aux cimetières. On a vu la population se soulever à l'occasion de mariages mixtes, dévaster l'église où ils s'étaient faits, démolir la maison des ecclésiastiques qui les avaient bénits. La loi punit de la même peine le maître qui montre à lire à son esclave et celui qui le tue ou le mutile ; et le pauvre nègre coupable d'avoir ouvert un livre encourt le châtiment du fouet. Enchaîner ainsi l'intelligence de l'homme, le réduire à l'état de brute pour l'exploiter comme une brute, n'est-ce pas le comble de la barbarie calculée ? Tant de précautions inquiètes prouvent, d'ailleurs, combien la tyrannie se sent menacée. L'esclavage des nègres fut autrefois imposé à l'Amérique par la politique commerciale de l'Angleterre ; il est maintenu par des intérêts commerciaux. Mais, en comparant la pauvreté des États à esclaves avec la richesse des autres, on commence à penser que ce régime n'est pas celui qui encourage le

travail et conduit à la prospérité; et l'on remplace peu à peu les bras
serviles par ceux des émigrés allemands. C'est dans le Nord que l'affranchissement a commencé. Heureux les pauvres nègres! car ils ré-
pétaient souvent, en leur langage naïf : *Nous n'aime pas ces pays où
l'eau devient pierre.* Mais déjà, dit M. de Beaumont, les États méri-
dionaux entendent murmurer des mots de liberté. Naguère, un prompt
supplice eût étouffé la voix assez hardie pour réclamer l'indépendance
des nègres : aujourd'hui, cette question s'agite en Virginie, au sein
même de la législature; il semble que, chaque année, les idées de liberté universelle franchissent un degré de latitude (1).

Enfin, comme si les trois pays les plus avancés en liberté politique
étaient destinés à voir cette tache dans leurs institutions, la France,
qui jamais sur son territoire n'a soumis la race nègre à aucune exclu-
sion, à aucunes lois exceptionnelles, conserve jusqu'à ce jour la servitude de cette race dans ses possessions coloniales.

L'ESCLAVAGE AU BRÉSIL ET A CUBA.

La traite n'est plus alimentée aujourd'hui que par l'Amérique espagnole et portugaise. Un voyageur (2) nous apprend que les négriers
amènent en abondance leur marchandise au Brésil dans de très-petits
bâtiments, où les malheureux noirs sont entassés souvent au nombre
de plusieurs centaines. Ils remplissent, à Rio-Janeiro, l'office de bêtes
de somme ; les femmes sont, pour la plupart, employées comme couturières. Le même voyageur évalue la population esclave du Brésil au
quintuple de la population blanche. L'offre faite par l'Angleterre d'un
traité de commerce avantageux, à la condition d'en émanciper un dixième
chaque année, a, dit-on, été refusée par le gouvernement brésilien.

Mais dans ce pays, comme à Cuba, les conditions de la servitude
ont toujours été tellement adoucies par les habitudes religieuses, que
les esclaves profitent rarement du droit qui leur est attribué de se racheter au moyen d'à-compte partiels ; nulle part, d'ailleurs, les affranchissements ne sont aussi fréquents (3) ; la religion les impose quelquefois aux maîtres, et de tout temps elle leur en a fait un mérite. Les
curés sont investis d'une sorte de protectorat sur les esclaves ; ils favo-

(1) *Marie*, ou *l'Esclavage aux États-Unis.*
(2) *Récit d'une expédition scientifique des États-Unis*, durant les années 1838
—1842, par C. Wilkes, commandant de l'expédition.
(3) Humboldt, *Essai politique sur Cuba.*

risent leurs unions légitimes, et la loi même n'a jamais prohibé l'alliance des mulâtres avec les blancs. La facilité d'acquérir a multiplié le nombre des petits propriétaires ; enfin Cuba et Porto-Rico sont peut-être les seules contrées à esclaves où la population éprouve un mouvement ascendant.

Tel est, du moins, le tableau que nous sommes accoutumés à nous faire des colonies espagnoles ; tel est celui que nous trouvons dans un grand nombre de relations. Un voyageur n'a pas craint d'avancer que le sort des esclaves y est préférable à celui des laboureurs en aucun pays du globe (1).

Mais dans cette matière, obscurcie tantôt par l'ignorance et tantôt par la passion, il n'y a pas un témoignage qui ne trouve son contradicteur. Deux écrivains dignes de la plus grande estime (2) viennent aujourd'hui nous déclarer que l'esclavage de Cuba et de Porto-Rico est le plus impitoyable et le plus dégradant qu'ils aient rencontré ; que toutes les prescriptions bienfaisantes contenues dans les ordonnances espagnoles sont des mensonges législatifs. Ces îles n'échappent point, d'ailleurs, à la loi de décroissance qui frappe toutes les populations serviles. Un recensement fait à Cuba, en 1837, donna en effet 13,300 esclaves de plus que celui de 1811 ; mais les registres de l'île constataient, pendant cette période de temps, l'introduction de plus de 67,000 Africains.

Les redoutables insurrections qui ont récemment ensanglanté cette île, la reine actuelle des Antilles, ne donnent que trop de poids à cette dernière opinion. Le gouverneur a osé prendre sur lui la mesure exorbitante de bannir de la colonie toute la population noire émancipée.

L'ESCLAVAGE AU VÉNÉZUÉLA.

La république de Vénézuéla présente un fait intéressant ; elle a réalisé l'émancipation par une mesure analogue à celle qui fut deux fois proposée à notre chambre des députés : l'affranchissement des enfants à naître. C'est ainsi, d'ailleurs, qu'avaient procédé les États-Unis du Nord.

La pensée et l'exécution de cette mesure appartiennent au libérateur

(1) *An account of the present state of Puerto-Rico, by colonel Flinter,* 1834.
(2) *Rapport sur l'état de l'esclavage à Cuba,* par le docteur Madden. — *Colonies étrangères,* par V. Schœlcher.

Bolivar, qui avait donné dans sa jeunesse le premier exemple de l'affranchissement des esclaves sur les domaines de sa famille.

Les noirs formaient encore, il y a trente ans, dans ce pays la majorité de la population, abondamment alimentée par les nombreuses cargaisons que la traite amenait des côtes d'Afrique. L'Espagne semblait avoir pour politique d'affaiblir les races indigènes et de les remplacer par une population servile.

Mais quand le cri d'indépendance eut retenti en Amérique, Bolivar fit appel aux hommes de couleur, qui lui répondirent avec enthousiasme et combattirent vaillamment sous ses ordres. Ils contribuèrent beaucoup à la délivrance du territoire.

Aussi la reconnaissance l'emporta sur le préjugé de race, et l'un des premiers actes du congrès, assemblé pour constituer le nouvel État, fut l'abolition de l'esclavage :

« Considérant que, d'après les principes éternels de la justice, de la raison et de la plus saine politique, un gouvernement républicain ne peut subsister s'il ne s'efforce de relever les classes opprimées de la société, le congrès décrète, etc., etc. » (Loi du 19 juillet 1821.)

La première disposition de cet acte a pour objet, comme nous l'avons dit, de déclarer libres tous les enfants à naître, et de faire inscrire leurs noms sur les registres des municipalités. Par la seconde, les propriétaires sont tenus d'élever, de vêtir et de nourrir ces enfants, qui, en échange, doivent travailler à leur service jusqu'à l'âge de dix-huit ans. Le terme fut plus tard prorogé jusqu'à vingt et un ans. D'autres articles établissent une caisse nationale, formée par le prélèvement d'un droit sur les héritages collatéraux, et destinée à venir en aide au rachat des esclaves notés par leur bonne conduite. De nouveaux décrets, rendus en 1850 et en 1840, vinrent compléter ce code d'affranchissement. Le dernier s'occupa particulièrement de l'éducation industrielle et rurale des jeunes affranchis.

« Le nombre des noirs esclaves diminue sensiblement, dit l'auteur d'un mémoire écrit sur les lieux, et auquel nous empruntons ces détails, et cependant les bras ne sont pas plus rares qu'il y a vingt ans. Si le Vénézuéla en manque quelquefois pour les travaux agricoles, c'est que la république compte à peine 1 million d'habitants, quand elle pourrait en nourrir 30. D'un autre côté, l'industrie qui commence à prendre quelque développement dans les grandes villes enlève nécessairement des bras aux campagnes. Du reste, la tranquillité la plus parfaite règne ici ; il n'est plus question de révoltes de noirs ; il y a peu d'exemples de crimes commis par eux sur les blancs. Il est donc à supposer que le gouvernement vénézuélien est sur la bonne voie, et qu'il arrivera, sans secousses violentes, sans révolutions, sans luttes de races, à la complète abolition de l'esclavage. »

L'ESCLAVAGE DANS LES COLONIES DANOISES.

Les colonies danoises, selon le dire de M. Schœlcher, présentent le tableau le plus complet des mesures transitoires destinées à préparer l'affranchissement : protection contre les mauvais traitements, droit de propriété, rachat forcé, pécule et caisse d'épargne, soin des enfants et des malades, création d'écoles, octroi d'un jardin légumier et d'un jour par semaine pour le cultiver ; rien n'a été oublié par une administration sage et bienfaisante.

Une ordonnance du mois de mars 1844 améliore de nouveau la situation des ateliers.

Dans les îles de Sainte-Croix, de Saint-Thomas et de Saint-Jean, elle impose au maître l'obligation d'envoyer à l'école ses esclaves, enfants et adultes, et dispense ceux-ci de toute espèce de travail les dimanches et jours de fête. Dans le préambule de cette ordonnance, le roi félicite et remercie les colons de l'empressement qu'ils témoignent à seconder l'émancipation et des sacrifices qu'ils se montrent prêts à faire pour écarter tous les obstacles.

L'ESCLAVAGE DANS LES COLONIES FRANÇAISES.

Nous ne pouvons entrer ici dans de longs détails sur la situation des nègres dans les possessions françaises ; nous emprunterons seulement à des rapports présentés aux chambres législatives, dans quelques occasions récentes, les principaux traits qui caractérisent cette situation exceptionnelle.

Dans le droit colonial, comme autrefois dans le droit romain, l'esclave est une chose et non une personne ; il est dépourvu de tout droit civil ; il ne peut donner ni recevoir, acquérir ni posséder ; il ne peut être tuteur, ni caution, ni témoin. Dans les villes, il est un meuble ; dans les campagnes, en tant qu'appartenant à telle ou telle plantation, il est un immeuble par destination ; il ne peut se transporter d'un lieu à l'autre, disposer du fruit de son travail particulier ; il ne peut devenir époux et père que sous le bon plaisir de son maître.

La législation criminelle admettant moins aisément les fictions que la législation civile, l'une est pour l'esclave moins exceptionnelle que l'autre. Ainsi, pour la juridiction, pour la procédure, l'esclave demeure dans le droit commun, sauf quelques délits particuliers, comme l'évasion ou le marronnage, lesquels sont punis de châtiments beaucoup plus graves.

Quant aux fautes disciplinaires, leur répression est confiée à l'autorité du maître, et c'est ici que l'arbitraire se donne une libre carrière. Les faits les plus odieux ont été révélés sans recevoir de démentis. Des règlements défendent au maître de traiter cruellement son esclave ; mais le droit de plainte n'est-il pas illusoire pour des gens dont l'existence appartient à ceux qu'ils dénonceraient ?

La loi dicte en revanche quelques devoirs au maître. Il doit à son esclave le logement, la nourriture, le vêtement, les soins en cas de maladie.

« Tel est l'état légal de l'esclavage, dit, après cet exposé, l'un des rapporteurs que nous citons (M. de Rémusat). Quant à l'état réel, les relations s'accordent à le représenter comme amené, par la douceur croissante des mœurs de notre époque, à un certain degré d'amélioration matérielle. Mais sous le rapport moral aucun progrès sérieux n'a été fait ni même essayé. Quoi qu'il en soit, et malgré ces améliorations matérielles, ce n'est que depuis ces dernières années que, dans la population esclave, le nombre des décès a cessé d'être supérieur à celui des naissances, et cela dans deux colonies seulement. Du temps de la traite, la décroissance annuelle était évaluée à trois pour cent. »

Il serait difficile de juger sainement l'état des colonies d'après les publications inspirées par les passions ou les intérêts opposés. S'il y a des négrophiles, il y a aussi des négrophobes. Les uns ne tarissent pas en malédictions contre la cruauté des maîtres ; leur bouche ne s'ouvre que pour prononcer les mots de fouet, de cachots, de carcans, de quatre piquets ; ils racontent des tortures, des mutilations, des assassinats exécutés de sang-froid et presque impunis.

Mais selon les autres, le nègre, souverain dans sa case et dans son jardin, cultivant des fleurs, des fruits, des racines nourricières, élevant ses volailles et soignant ses ruches à miel, serait l'image de la félicité parfaite.

Ce qui devrait surtout faire envier son sort par nos ouvriers et nos paysans, c'est cette quiétude, ce dégagement de toutes les affaires, de tous les soucis qu'enfante la liberté. Horace, en un mot, aurait composé tout exprès pour l'esclave colonial son *Beatus ille*. Et ce monstre à face humaine, ingrat pour les bienfaits que lui prodigue la servitude, ne témoignerait que paresse, stupidité, méchanceté. Lamartine disait un jour : « On peint les esclaves comme des brutes, pour s'excuser de n'en pas faire des hommes. »

Défions-nous de toutes ces exagérations. Il y a dans la réalité des choses qui justifient tout ce mal et tout ce bien ; mais la moyenne ne confirme ni l'un ni l'autre.

Les planteurs ne sont point, sauf quelques odieuses exceptions, des tyrans grossiers et sanguinaires ; les nègres, il faut le dire à la louange de la race africaine, ont été moins corrompus par l'esclavage qu'on ne devrait le supposer. Il suffirait, pour l'attester, de rappeler le calme, le désintéressement et le dévouement qu'ils ont montrés récemment à la Guadeloupe au milieu du plus effrayant désordre. Malgré leur état de minorité intellectuelle et leur abandon aux passions animales, les esclaves conservent une bonté de cœur profonde, les plus tendres sentiments de famille, et un attachement réel pour leurs maîtres, attachement qui va quelquefois jusqu'à l'héroïsme. C'est pourquoi l'émancipation anglaise a pu s'effectuer sans troubles, sans que la sûreté des personnes et des propriétés ait été un instant menacée. Il en serait de même dans les colonies françaises ; les créoles de bonne foi n'hésitent point à en convenir, et cela prouve en leur faveur ; cela prouve qu'ils n'ont point accumulé contre eux de haines et de vengeances. Toutes les craintes que l'on affecte encore à cet égard sont donc une vaine comédie. Le véritable péril n'est point dans l'émancipation, mais dans son ajournement prolongé.

Il y a vingt ans bientôt que M. de Humboldt prononçait ces paroles prophétiques : Si la législation des Antilles et l'état de la race africaine n'éprouvent pas bientôt des changements salutaires, si l'on continue à discuter sans agir, la prépondérance politique passera entre les mains de ceux qui ont la force du travail, la volonté de s'affranchir et le courage d'endurer de longues privations. Cette catastrophe sanglante aura lieu comme une suite nécessaire des circonstances (1). »

Et il appuyait son dire par ce chiffre significatif : Les hommes de couleur forment les quatre-vingt-trois centièmes de la population totale dans l'archipel des Antilles.

« Tout l'avenir du nouveau monde semble inscrit dans ces inventaires du genre humain, s'écrie-t-il après avoir fait le dénombrement des diverses races ; avenir funeste et sanglant si une législation hu-

____

(1) *Voyage aux régions équinoxiales du nouveau continent*. 1826.

maine et de sages institutions ne conduisent pas à l'affranchissement progressif des noirs (1). »

MM. Moreau de Jonnès, Ramon de la Sagra, Boyer Peyreleau (2) témoignent les mêmes craintes et sont également convaincus de la nécessité d'une émancipation prochaine. M. Sully Brunet, ancien délégué de Bourbon s'exprime ainsi : « L'esclavage s'en va, il est condamné par l'opinion ; de cet état des esprits à la violence il n'y a qu'un pas (3).

HÉSITATIONS DE LA MÉTROPOLE.

La véritable politique ne commanderait-elle pas d'aller au-devant du danger par la double émancipation des colonies à l'égard de la métropole, et des esclaves à l'égard de leurs maîtres, en accompagnant toutefois ces résolutions hardies des précautions que la prudence peut dicter ? Est-il vrai que notre navigation souffrît de n'être plus concentrée presque nécessairement dans le rayon des Antilles ? Est-il vrai que nos possessions d'outre-mer fussent moins attachées à la mère patrie pour ne pas lui livrer exclusivement toute leur production, et pour ne pas en tirer exclusivement toute leur consommation, pour jouir de la liberté d'industrie, en un mot, pour exister à l'état de provinces nationales, au lieu d'être exploitées comme des fermes étrangères ? Ce sont des questions beaucoup trop graves pour être traitées incidemment.

L'une des causes les plus immédiates du malaise de nos colonies, c'est l'incertitude où elles sont maintenues par les nombreuses tergiversations du pouvoir métropolitain. Les colonies s'attendent généralement à voir l'esclavage succomber bientôt sous les arrêts de l'opinion publique. « L'émancipation, déclarait en 1836 le conseil spécial de la Guadeloupe, est désormais un fait inévitable, non-seulement sous le point de vue des efforts tentés par les abolitionistes, mais comme conséquence de la position topographique de nos îles et de leur voisinage des colonies anglaises. »

Un canal étroit, que l'on peut franchir en quelques heures, sur la plus frêle embarcation, sépare la terre où l'on est esclave de celle où les bras manquent, où des salaires élevés en appellent de tous les rivages, où la contrebande des ouvriers s'organise. Comment les noirs

(1) *Tableau statistique de Cuba.*
(2) *Les Antilles françaises*, 3 vol. 1823.
(3) *Considérations sur le système colonial.* 1840.

sont-ils retenus ? par la concrainte. La contrainte ne triomphe jamais longtemps.

Je sais qu'on affirme hautement que les transfuges de nos colonies, déçus dans leurs espérances, reviennent avec empressement tendre leur tête au joug. Mais nous avons peine à croire que la liberté soit un présent si cruel, puisque ces évasions se multiplient, et puisque lord Stanley, le 16 juillet 1844, attribuait à la présence d'un grand nombre d'esclaves ainsi réfugiés la dernière révolte de la Dominique. Cette île, celle de Sainte-Lucie et d'Antigue, recèlent, dit-on, aujourd'hui plus de deux mille déserteurs.

Quant aux marrons, leur nombre s'accroît tous les jours ; on l'évalue à 1,500 à la Guadeloupe seule.

La suspension d'un résultat aussi prévu que l'émancipation est désastreuse pour les intérêts de tous ; elle augmente en même temps les difficultés de la mesure en agitant les esprits, lorsque le calme serait nécessaire à leurs progrès. Les ateliers sont troublés par la pensée du jugement qui se prépare : les esclaves en causent entre eux, et lorsqu'on leur dit : « La liberté viendra ! » ils répondent : « Elle se fait bien attendre. » Partout la discipline se relâche. Déjà les colons déclarent qu'ils ne peuvent plus vendre leurs esclaves *sans leur consentement*, ni leur imposer certains travaux, *de crainte de leur déplaire*. Ainsi, l'esclavage cesse d'être lucratif entre les mains des maîtres. D'un autre côté, le prix des esclaves, portion considérable de la fortune coloniale, au lieu de se réduire graduellement, et sans secousse, est soumis à une sorte d'agiotage ; il varie au commencement et à la fin de chaque session législative, selon les chances plus ou moins prochaines d'une solution qui n'arrive pas.

La métropole veut sincèrement, nous le croyons, préparer l'émancipation ; mais la timidité de ses tentatives les rend infructueuses ; elle n'ose pas même lutter ouvertement contre le préjugé de la couleur, et la différence que l'autorité supérieure elle-même établit entre les deux races contribue beaucoup au maintien de ce préjugé.

A peine quelques mulâtres occupent-ils des fonctions publiques dans les gouvernements coloniaux, et nous n'avons jamais appris qu'aucun d'entre eux fût décoré, ce qui serait certainement d'un bon exemple. Il paraît aussi que, jusque dans ces derniers temps, les mariages mixtes ont été peu favorisés ; on a cité des fonctionnaires destitués pour avoir, disait-on, déconsidéré le pouvoir en leur personne par de semblables unions. Si, au lieu d'un acte légitime, ils avaient séduit de pauvres filles de couleur, on n'eût point sévi contre eux, on eût seulement déversé le mépris sur leurs victimes.

Dans ces derniers temps, néanmoins, plusieurs mariages de ce genre ont été solennellement célébrés en présence des notabilités de la magistrature et de l'administration, et les gouverneurs eux-mêmes ont signé au contrat.

Napoléon lança autrefois contre ces unions un décret que nous avons cité; cependant, il en avait compris l'importance. On lui attribue même une pensée bizarre, qui prouve combien son esprit despotique tenait peu de compte de nos règles religieuses et morales : c'était d'obliger tout habitant des colonies d'avoir trois femmes, une blanche, une mulâtre et une noire, afin que les enfants fussent également traités.

La formation d'un clergé nègre avait plusieurs fois été recommandée comme un puissant moyen de combattre l'aristocratie de la peau. Quelques jeunes noirs sont en effet venus en France pour y étudier la théologie et recevoir les ordres; mais, si nous sommes bien informés, des influences coloniales se sont opposées à leur envoi dans les Antilles, et c'est au Sénégal qu'ils sont allés exercer les fonctions ecclésiastiques.

Enfin l'autorité n'a pas même osé jusqu'ici donner un exemple nécessaire en affranchissant les nègres du domaine, produits d'anciens achats, de confiscations légales ou de successions en déshérence. On n'imite plus ce gouverneur de colonie qui les faisait estampiller avec un fer chaud des mots : AU ROI; mais on les emploie au service particulier des agents de l'administration; on les fait travailler dans les ateliers de l'État, tenus les uns en régie, les autres en ferme, ou bien on les loue à prix d'argent à des maîtres particuliers; ces articles figurent au budget de la marine.

À l'égard de ces esclaves, d'ailleurs peu nombreux (environ 1,200), on ne saurait prétendre qu'ils ne sont point préparés à la liberté, puisqu'on affranchit sans danger, après quelques années d'apprentissage, les noirs de traite saisis à bord des négriers comme marchandise prohibée.

L'affranchissement des esclaves de la couronne fut une des premières mesures réalisées par le gouvernement anglais lorsqu'il voulut émanciper ses colonies (1).

(1) Le gouvernement, sur les instances de la commission de la chambre des députés, chargée d'examiner un nouveau projet de loi sur le régime des colonies, vient enfin de s'engager à libérer tous les esclaves de l'État dans l'espace de cinq années.

RÉSISTANCE DES COLONS.

Les colons s'opposent de tous leurs efforts à l'émancipation morale des noirs, parce qu'ils savent qu'elle aurait pour conséquence l'émancipation légale, réforme qu'ils veulent bien subir, mais non favoriser. Ils craignent, si leurs esclaves doivent demeurer plusieurs années encore dans la même situation, que l'éducation ne les rende plus impatients du joug. Ainsi pensaient les premiers colons d'Hispaniola au sujet des premiers esclaves : « L'enseignement religieux blesse nos intérêts, le serf n'obéissant bien qu'autant qu'il est ignorant et ne connaît pas la morale chrétienne qui le fait raisonner (1). »

C'est sans doute pour cela que toutes les fois qu'un ecclésiastique a voulu se rappeler qu'il était chrétien et invoquer en faveur des esclaves le principe de la fraternité humaine, il a été bientôt contraint de quitter les colonies.

C'est pour cela que les frères de la Doctrine chrétienne ont reçu défense d'admettre des négrillons dans leurs écoles. « Le temps n'est pas venu d'instruire les esclaves, » dit un fonctionnaire de la Guadeloupe à l'un de ces frères.

Mais quand le temps sera-t-il venu, puisque l'état arriéré de nos colonies devient, dans la bouche même de ceux qui veulent le prolonger, un argument contre l'émancipation?

Les colonies anglaises, disent-ils, étaient couvertes d'églises et d'écoles, grâce au zèle des sociétés religieuses; elles étaient peuplées de nègres disposés à un changement de condition par l'instruction et par les prédications des missionnaires. Il faudra bien des années, ajoutent-ils, pour préparer ainsi nos esclaves à la liberté. *« On n'a encore rien fait pour les noirs de nos colonies, »* déclare un procureur général (2).

Hâtez-vous donc de faire quelque chose, répondent les abolitionistes; mais ils rencontrent une invincible résistance. On les conduit dans un cercle vicieux :

La race africaine est idiote, incapable de participer aux bienfaits de l'éducation; et cette éducation lui est refusée, sous le prétexte que des esclaves éclairés seraient dangereux.

(1) *OEuvres de Las Cases*, tom. 1er. Second Mémoire.
(2) Interrogatoire de M. Bernard, procureur général de la Guadeloupe. *Procès-verbaux de la commission des affaires coloniales.*

La race africaine est paresseuse ; elle ne travaille que sous le bâton ; on lui refuse le droit de se racheter par les produits de son travail.

Même contradiction lorsqu'il s'agit des systèmes de délivrance.

Vous proposez d'affranchir les enfants à naître, et de veiller à leur éducation? L'humanité se scandalise de voir le fils libre à côté du père encore esclave.

Vous proposez une émancipation générale? Ce serait jeter la perturbation dans les colonies.

Faisons justice de cette argumentation, fondée sur des échapatoires :

Loin de nous la pensée que l'on ne saurait procéder à l'affranchissement des noirs sans avoir achevé leur éducation morale. Ce serait ajourner à tout jamais cet affranchissement, s'il est vrai, comme nous le croyons, que l'esclavage entretient l'infériorité et les vices de ceux qui le supportent.

Une race entière ne se développe que par la pratique de la liberté. Mais lorsqu'au sein de cette race, malgré des siècles d'esclavage, il surgit quelques êtres supérieurs, tels que le furent Toussaint et d'autres contemporains, l'exemple de ceux-là suffit pour attester l'aptitude de leurs frères. Quant à eux-mêmes, si l'on songe aux obstacles qu'il leur a fallu vaincre, on ne saurait leur vouer trop d'admiration.

Le bouleversement de la fortune coloniale serait-il en effet la conséquence d'une déclaration de liberté des noirs? Des prophéties tout aussi effrayantes ont salué l'abolition de la traite ; l'événement s'est chargé de les démentir.

Les colonies anglaises, quoique mieux préparées que les nôtres à l'émancipation, n'ont pas vu se produire moins de résistance et de mauvais vouloir de la part des planteurs. Les missionnaires baptistes, accusés de prêcher la liberté, eurent leurs chapelles incendiées, et les esclaves qui suivaient leurs exercices religieux furent condamnés au fouet. « C'est l'opinion générale parmi nous que l'éducation et l'esclavage sont incompatibles, » disait le procureur d'une habitation de la Jamaïque à M. H. Whiteley (1). Ce voyageur trace un horrible tableau de l'esclavage dans cette île, qu'il avait visitée peu de temps avant l'abolition, et que des menaces de mort, provoquées par l'expression de son blâme, l'avaient obligé de quitter. En 1831, une terrible révolte des noirs faillit ravager la colonie, et coûta la vie à dix mille de ces malheureux.

C'est au milieu d'une pareille situation que l'on crut pouvoir pro-

(1) *Three months in Jamaica in* 1832.

noncer l'affranchissement. « Il s'est opéré sans secousse, sans réaction, dans les colonies anglaises ; il s'opérerait de même dans les nôtres, » dit M. le capitaine Layrle (1).

Les esclaves de la partie espagnole d'Haïti n'ont-ils point passé du jour au lendemain de la servitude à la liberté? N'en a-t-il pas été de même dans plusieurs États de l'Amérique lorsqu'ils ont proclamé leur indépendance? Aucune crise fâcheuse n'a signalé ces événements.

Quel que soit le plan d'abolition auquel sera donnée la préférence, nous sommes persuadés qu'il n'offrira aucun danger réel pour la sûreté des colonies. Nous ne craindrions pas même pour elles la délivrance immédiate et générale ; nous le répétons, l'ajournement seul nous semble une témérité. Si le nègre attend patiemment aujourd'hui, c'est qu'il espère ; détruisez cet espoir, il saisira par la violence le bien que vous lui aurez refusé.

La nécessité est donc ici d'accord avec la justice pour prescrire une mesure dont on se plait à exagérer les périls. L'unique soin qui devra préoccuper, selon nous, un gouvernement émancipateur, c'est celui d'éviter la suspension de l'activité productive, suspension momentanée sans doute, mais si préjudiciable aux possessions britanniques, que nous ne saurions trop nous efforcer d'en préserver les nôtres. On apprend par les rapports des gouverneurs français que parmi les 34,000 esclaves libérés depuis 1830, un petit nombre s'est adonné à l'agriculture. « Qui ne sait, dit le conseil privé de la Guadeloupe, que le passé du travail a compromis son avenir? »

PLANS D'ÉMANCIPATION.

Deux cent cinquante mille esclaves peuplent nos quatre colonies agricoles ; nous mettons à part le Sénégal, qui n'est qu'un comptoir maritime. S'ils attendent encore la liberté, ce n'est pas que les plans d'émancipation aient manqué.

Deux systèmes généraux ont été mis en présence : l'émancipation partielle et progressive, l'émancipation générale et simultanée.

Les commissions de la chambre des députés, dont MM. de Rémusat et de Tocqueville furent les organes en 1838 et en 1839, se sont déclarées, la dernière unanimement, pour le second de ces systèmes ; les interprètes des colonies ont émis la même opinion dans une enquête

(1) *Rapports recueillis par le département de la marine et des colonies,* 4e publication.

établie à cette occasion ; enfin plusieurs conseils coloniaux se sont également prononcés dans ce sens : celui de la Guyane n'a point hésité à dire que « le danger des mesures partielles mettait les colons dans le cas de préférer l'émancipation générale et instantanée, et de supplier le gouvernement de repousser tout autre moyen (1). »

Tous se fondent sur l'exemple des colonies anglaises, où il a été impossible de réaliser le projet qu'on avait formé d'appeler en deux promotions, à quelques années de distance, les esclaves à la liberté. Il a fallu avancer le terme pour les derniers, sans avoir le loisir de préparer les voies à cette innovation. La servitude et l'indépendance ne peuvent subsister côte à côte ; la création d'une classe intermédiaire rend le joug intolérable pour ceux qui le portent encore, et les nouveaux affranchis repoussent l'idée du travail qui les assimile aux esclaves. « Lorsqu'au contraire, dit M. de Tocqueville, la métropole fait arriver à la fois, et par l'effet direct et visible de sa seule volonté, tous les esclaves à l'indépendance, elle peut aisément, en retour de ces droits nouveaux qu'elle leur confère, imposer à chacun d'eux certaines obligations particulières et étroites, et les soumettre tous à un régime transitoire qui les habitue graduellement à faire un bon usage de leur liberté. »

En conséquence, la commission dont M. de Tocqueville était l'organe, proposait de « détruire d'un seul coup tous les anciens rapports qui existaient entre le maître et son esclave ; de transporter à l'Etat la tutelle de toute la population affranchie. »

Dans ce système, l'État accordant une indemnité aux propriétaires dépossédés, se réservait de leur louer le service des noirs affranchis, moyennant un salaire consacré en partie au remboursement de cette indemnité. Il s'agissait donc d'un travail contraint, mais payé, analogue à celui que Toussaint-Louverture avait établi par son code rural.

Les difficultés d'exécution sont nombreuses. Chaque noir placé dans un atelier agricole ou industriel, ou même comme domestique dans une maison particulière, devrait être l'objet d'un compte courant pour les variations de son salaire, suivant les lieux et les temps, comme aussi pour les fournitures nécessaires à son entretien ; l'Etat devrait se charger des poursuites nécessitées par le défaut de payement, comme aussi des punitions encourues par le défaut de travail ; et tout cela, pour une population de plus de cent cinquante mille ouvriers.

Si, d'un autre côté, pour éviter les complications nécessitées par de

_____

(1) Délibération sur le rapport de M. de Rémusat.

nombreux changements de position, les travailleurs étaient laissés à la disposition de ceux qui les emploient aujourd'hui ; si les maîtres étaient investis d'un pouvoir disciplinaire très-étendu, on retomberait dans le plus grand inconvénient de l'apprentissage anglais : une liberté nominale presque semblable à la servitude, une promesse illusoire qui agiterait les esprits sans les satisfaire.

Telles sont les principales objections soulevées par ce projet d'émancipation, le plus sérieux de ceux dont on a parlé, puisqu'il fut approuvé en principe par le gouvernement et par plusieurs conseils coloniaux.

Tous les autres se rangent également dans une des deux grandes catégories que nous avons indiquées : émancipation graduelle, émancipation simultanée. Quant aux moyens d'exécution, de transition, de précaution, de prévoyance, qui appartiennent soit à l'un, soit à l'autre, ils consistent dans l'affranchissement des enfants à naître, dans la faculté accordée aux esclaves de se racheter suivant un prix fixé par des arbitres, dans l'établissement d'un pécule déposé à la caisse d'épargne, dans la création d'écoles, de fermes agricoles, d'hospices et d'hôpitaux aux frais de l'État. Nous laissons de côté les détails.

L'un de ces projets se distingue néanmoins entre tous par sa hardiesse et sa nouveauté. Il appartient à M. Jules Lechevalier. Ce projet a trop d'importance pour ne pas lui consacrer tout à l'heure un chapitre particulier.

CRÉATION D'UNE COMMISSION COLONIALE.

Les réclamations des colonies et l'intérêt que la métropole commençait à prendre à leur situation, la lutte des deux industries sucrières, l'apparition des projets dont nous avons parlé, tout cela imposait au gouvernement l'obligation de ne point demeurer inactif. Il créa, par décision du 26 mars 1840, une commission consultative, chargée d'étudier les questions coloniales. L'établissement de cette commission fut un événement grave et significatif. En y appelant les auteurs de diverses propositions d'émancipation récemment soumises au pouvoir législatif, en plaçant à sa tête le duc de Broglie, président de la *Société française pour l'abolition de l'esclavage*, et dont les opinions sur ce point étaient parfaitement connues, le gouvernement ne témoignait pas seulement l'intention de mettre des questions à l'étude ; il annonçait d'avance dans quel sens, selon lui, ces questions devaient être résolues. L'engagement était trop formel pour devenir, comme dans d'autres occasions analogues, un moyen d'ajournement.

Des travaux de cette commission est résulté un savant et beau rapport, dans lequel sont exposés, analysés et discutés les divers systèmes d'émancipation proposés ou en cours d'exécution. La minorité penchait en faveur d'une émancipation partielle et progressive ; mais la majorité s'est déclarée pour l'affranchissement général et simultané, en ajournant toutefois cette mesure jusqu'en 1853. Le nom d'esclavage serait conservé pendant ces dix années, employées à une sorte de noviciat libérateur, que le rapport nomme quelque part l'*apprentissage français*. Laisser au maître tout le pouvoir disciplinaire, donner au magistrat la surveillance et la répression des abus, afin que deux autorités rivales ne soient pas mises en présence dans les ateliers ; maintenir en principe les lois et ordonnances qui régissent l'état d'esclavage, mais les modifier en fait, de manière à assurer la condition civile des esclaves, garantir les rapports de famille, pourvoir à l'éducation morale et religieuse, soumettre à des règles fixes le travail obligatoire, et ménager une transition entre ce travail et le travail libre ; tel est, en peu de mots, l'esprit du nouveau système. Il aurait, d'ailleurs, pour base financière une indemnité de 300 millions, représentée, pour la moitié (150 millions), par une inscription de rente sur l'État, à 4 p. 100 ; les 150 autres millions devant être acquittés par les dix années de travail auxquelles l'esclave serait assujetti envers son ancien maître. Le terme de dix ans, comme on le voit, n'est point déterminé par des considérations puisées dans l'état social des colonies, mais par un but purement financier.

Ce système, d'ailleurs, offre un tableau des plus sages mesures préparatoires. La plupart d'entre elles se trouvent reproduites dans le projet de loi soumis en ce moment à la délibération du corps législatif. Elles ne sont point exemptes d'inconvénients, que les adversaires de l'abolition n'ont point manqué de signaler, et même d'exagérer ; les abolitionistes aussi considèrent ces mesures comme incomplètes, et craignent qu'elles ne fournissent un prétexte à l'ajournement indéfini de l'émancipation.

En effet, l'affranchissement par les colons, encouragé depuis plusieurs années et devenu assez fréquent, ne tombe presque jamais sur les noirs de houe, les plus à plaindre parmi les esclaves ; il a généralement pour objets de vieux domestiques, des femmes ou des enfants que leur naissance rend intéressants aux yeux de leurs maîtres. Si cet affranchissement venait à jeter hors des ateliers un grand nombre d'invalides et de mauvais sujets, dont l'entretien et la surveillance sont plus dispendieux que le travail n'est lucratif, les colonies se trouveraient inondées de mendiants et de bandits. — Mais, d'un autre côté, le rachat forcé, institué par le nouveau projet de loi, favorisé à peu près exclusivement les artisans des villes, qui travaillent moyennant une redevance fixe ; eux seuls sont en mesure d'amasser un pécule ; ajoutons-y les chefs d'ateliers et les meilleurs ouvriers des habitations. Or, ceux-ci rachetés, il ne restera que les nègres valétudinaires ou paresseux, et les ateliers pourront se trouver désorganisés.

L'institution du pécule légal demeurera illusoire si le maître conserve une autorité quelconque sur sa formation. Il ne se formera jamais malgré lui (1). — Et, d'autre part, s'il résulte de précautions excessives des contestations judiciaires fréquentes entre les maîtres et les esclaves, on verra s'anéantir cette bienveillance, quelquefois patriarcale et filiale, qui seule peut alléger la servitude, et sans laquelle le sort des deux classes deviendrait intolérable.

Je ne fais point ici une critique de la loi ; j'indique seulement en passant de quelle nature seront ses difficultés. Améliorée comme elle peut l'être et sincèrement exécutée, elle rendra moins malaisé le passage de la servitude à la liberté. Pratiquée sans bonne foi, elle augmentera dans les colonies l'irritation et l'anxiété, et rendra peut-être désirable aux planteurs eux-mêmes un changement plus décisif. Ce serait alors sa seule utilité.

PLAN DE COLONISATION DE LA GUYANE FRANÇAISE.

Le problème de l'émancipation peut être difficile à résoudre ; mais il se pose en des termes fort simples.

Organiser promptement le travail libre, de telle sorte que l'affranchi passe immédiatement de la servitude au patronage qui doit lui

(1) Les conseils coloniaux de nos quatre possessions d'outre-mer, consultés sur le pécule légal et le rachat forcé, les ont repoussés à l'unanimité, avec des considérants qui font présumer leur résistance. L'un d'eux, celui de la Martinique, s'est exprimé ainsi :

« Toutes les mesures nouvelles qu'on veut prescrire à l'occasion du pécule légal, la contrainte et les embarras qu'on veut imposer au maître, le pousseraient, le dirons-nous, à restreindre le temps et les facilités qu'il accorde à l'esclave, et même à le frustrer de son pécule ; et ce serait la loi qui lui suggérerait ces coupables pensées. Le maître chercherait, par tous les moyens, à s'affranchir d'une surveillance gênante et compromettante ; il ne perdrait pas de vue, surtout, que c'est le pécule légal qui mènerait au rachat forcé, mesure spoliatrice et attentatoire aux droits acquis. »

succéder, qu'il ne sente pas un moment l'absence de protection, que son changement d'état ne soit point précédé par un intervalle d'hésitation ou d'inactivité et de vagabondage, et qu'il y trouve surtout satisfaction pour la vie de famille.

Déterminer l'emploi du fonds d'indemnité attribué aux colons, de manière à ce qu'il contribue au développement des cultures et de l'industrie coloniales.

Éviter, en un mot, les deux grandes fautes commises par l'Angleterre dans sa généreuse entreprise.

Ces conditions essentielles nous semblent presque complétement réalisées dans le plan de colonisation de la Guyane française, dont M. Jules Lechevalier est l'auteur. Ce projet a mérité l'examen et l'approbation de la commission consultative présidée par M. de Broglie et d'une commission spéciale présidée par M. de Tascher. Le délégué de la Guyane, des membres du conseil colonial et d'autres habitants propriétaires s'y sont associés. C'est dire, chose presque fabuleuse pour un projet de cette nature, qu'il a trouvé faveur à la fois auprès de l'opinion abolitioniste et auprès de l'opinion coloniale.

Il est ainsi caractérisé dans un mémoire adressé au ministre de la marine le 25 août 1843, par MM. Sauvage et de Saint-Quantin, membres du conseil colonial de la Guyane :

« Substituer, quant à la propriété et à la gestion des plantations, des usines et des esclaves, l'action puissante et régulière d'une compagnie à l'exploitation isolée des particuliers ; réaliser l'émancipation des esclaves d'après un règlement de travail débattu entre le gouvernement et la compagnie. »

Plusieurs modifications successives ont été introduites dans le plan primitif. Voici la forme sous laquelle il se présente aujourd'hui :

Création d'une compagnie industrielle formée par l'association des propriétés rurales de la Guyane, évaluées, terres et esclaves, environ trente millions de francs, et d'un capital d'exploitation porté à vingt millions. Total du fonds social ; cinquante millions. L'estimation définitive des propriétés aurait lieu par un jury spécial ; elles seraient représentées par des titres inscrits au grand livre de la compagnie, et ces titres par des actions négociables. La garantie d'un minimum d'intérêt de 4 pour 100 sur l'ensemble du capital serait demandée à l'État pour un terme de quarante-sept ans, et la solidité donnée à l'opération par cette garantie tiendrait lieu de toute indemnité pour les anciens propriétaires.

Cette institution aurait pour but : 1° la libération de la propriété foncière ; 2° l'émancipation des esclaves ; 3° l'organisation du travail libre ; 4° la colonisation des terres vacantes.

Nous n'avons fait qu'exposer brièvement la combinaison financière, proposée par les auteurs du projet ; ce n'est pas ici le lieu de l'apprécier. Quant à l'action que pourrait [exercer une telle entreprise sur l'abolition de la servitude coloniale, elle nous inspire de grandes espérances.

Alors même que les planteurs se prêteraient de bonne grâce à la substitution du travail libre au travail servile, ce grand changement s'accomplirait sans ensemble, avec un succès inégal, selon les lieux, selon les personnes, et non peut-être sans de nombreux désordres. Tandis qu'une compagnie puissante, devenue seule propriétaire du territoire, maîtresse de toutes les transitions, conduirait insensiblement la race noire à la connaissance et à la jouissance de la liberté. La surveillance de l'Etat s'exercerait d'ailleurs beaucoup plus aisément dans les vastes ateliers d'une compagnie que dans les petits établissements particuliers ; les contrats d'engagement y seraient plus loyaux et plus uniformes, les règlements de travail mieux observés, la discipline meilleure, et l'on y éviterait mieux des froissements inévitables entre deux classes dont l'une possédait naguère sur l'autre un pouvoir absolu.

Alors même que les planteurs posséderaient toutes les lumières désirables pour l'application des méthodes perfectionnées de culture et de fabrication, et qu'ils se montreraient disposés à les introduire dans leurs domaines, il est certain que les ressources individuelles de la plupart d'entre eux ne suffiraient point à cette dépense considérable, sans le payement effectif et préalable d'une indémnité. Mais une pareille indemnité prend la forme d'un rachat de la liberté humaine qui blesse nos principes moraux. Si au contraire elle se présentait comme un juste dédommagement de pertes éprouvées, il y aurait lieu de faire l'estimation de ces pertes, et d'attendre l'expérience du travail libre pour décider s'il est en effet nuisible ou profitable à la propriété coloniale.

Toutes ces contestations disparaissent devant le projet dont nous nous occupons. Ce n'est pas une indemnité qu'il offre aux planteurs, c'est une carrière de spéculation, dans laquelle leur propriété peut augmenter notablement de valeur. D'une part, un capital important serait consacré à son exploitation dirigée avec ensemble et par des hommes expérimentés ; de l'autre, la mobilisation des titres, en permettant aux colons de se procurer des ressources immédiates et de se libérer envers leurs créanciers, changerait complétement leur posi-

tion. On sait que la presque impossibilité d'aliéner la propriété foncière est la cause principale de sa dépréciation. Resterait à créer un
régime hypothécaire capable de prévenir les abus de l'agiotage.

Une pensée qui se lie intimement à ce vaste plan de colonisation est
celle d'introduire des ouvriers européens dans nos possessions transatlantiques. Leur présence et leur participation aux travaux de la terre
seraient le plus puissant moyen de combattre les préjugés de race et
celui qui pèse aux colonies sur ce genre de travaux ; leurs lumières et
leurs exemples y répandraient la connaissance des bons procédés agricoles et industriels, en même temps que les habitudes de la civilisation.
Le gouvernement a compris l'importance de ces émigrations et veut
les favoriser ; mais elles seraient surtout fécondes en résultats, faites
sous la garantie d'une compagnie qui pourrait offrir aux émigrants des
fonctions nombreuses et variées dans ses fermes ou dans ses ateliers.

Enfin la compagnie dût-elle, à l'expiration de sa charte, rentrer
dans ses avances par des ventes parcellaires d'un sol enrichi par la culture et délivré du poids de la servitude, n'eût-elle rempli que ce rôle de
bande-noire sur les domaines coloniaux, son passage y serait signalé
par un remaniement de la propriété, qui la placerait dans les mains les
plus en état de la bien exploiter.

Je sais que les adversaires de l'affranchissement regardent l'application des petites cultures aux colonies comme la destruction de l'industrie sucrière ; cette conséquence ne nous semble pas rigoureuse :
nous en dirons un mot tout à l'heure.

L'entreprise de colonisation, telle que nous la comprenons, si elle
remplissait toutes ses promesses, après avoir reçu une population
esclave, cultivant grossièrement un pays désolé par de fréquentes
maladies, devrait laisser une colonie d'hommes libres, propriétaires,
fermiers et salariés, régie par nos lois européennes, un sol assaini par
de grands travaux et coupé par de nombreuses voies de communication,
des cultures intelligentes, une active industrie, en deux mots, une
terre et une société régénérées.

Le projet de M. Lechevalier a besoin d'être encore étudié dans son
système financier, dans son mode d'exploitation, dans ses règlements
de travail, dans son application, surtout aux contrées autres que la
Guyane, dont les circonstances sont toutes spéciales. Mais nous ne pouvons nous empêcher de croire qu'il contient la véritable solution du
grand problème colonial.

L'émancipation britannique ne peut être considérée par nous que
comme une expérience dont nous devons éviter les écueils. Elle con-

vient peu d'ailleurs à l'impatience de notre caractère national. Cette classe d'apprentis, suspendue entre l'esclavage et la liberté, possédant le nom de l'une et les souffrances de l'autre, constituerait bientôt à nos yeux une situation intolérable; nos compatriotes d'outre-mer rompraient l'équilibre plus promptement encore que ne l'ont fait les colons anglais. Il nous faut un procédé qui tranche nettement la question, un mode d'exploitation qui convienne immédiatement au travail salarié.

Si maintenant nous nous plaçons au point de vue politique, si nous réfléchissons qu'en présence des causes d'irritation nées dans le droit de visite, la paix, si désirable entre deux grands peuples, n'a été conservée, depuis plusieurs années, que par les affiliations occultes de leurs gouvernements, comment ne pas désirer qu'il soit offert à ces deux peuples, pour accomplir l'œuvre d'humanité qui sert de prétexte à leur querelle, une forme étrangère aux rivalités nationales, et qui permette à toute âme généreuse d'y apporter le tribut de ses vœux et de ses efforts?

CONSIDÉRATIONS DIVERSES.

La préférence que nous venons de donner au plan de colonisation proposé pour la Guyane ne nous empêche pas d'attribuer une importance relative à plusieurs autres moyens secondaires. Quand même, d'ailleurs, ce plan obtiendrait l'approbation du gouvernement, ce ne serait qu'à titre d'expérience; et il serait prudent d'introduire dans le régime de nos autres colonies des modifications qui leur permissent d'en attendre le résultat.

L'éducation industrielle et agricole des jeunes nègres, établie sur une large base, nous semble surtout nécessaire pour préparer l'avenir. Le législateur anglais, en affranchissant les enfants âgés de moins de six ans, n'a point imposé à l'État le devoir de diriger leur instruction; il a livré ce soin aux parents, esclaves encore, sous le nom d'apprentis, ou aux sociétés religieuses, qui ont peut-être plus songé à former des cœurs pieux que des bras ouvriers. Un écrivain ecclésiastique, placé à la tête du séminaire français où se recrute principalement le clergé colonial, a proposé la création de *champs d'asile*, établissements où la jeunesse recevrait l'éducation de la religion et du travail, afin de renouveler un jour la population des colonies (1).

(1) *Liberté et Travail*, ou Moyens d'abolir l'esclavage sans abolir le travail; par l'abbé Hardy, directeur du séminaire du Saint-Esprit. 1838.

Quant au présent, quant à la génération active, serait-il impossible d'appliquer la petite culture, qui plaît tant aux nègres, à l'exploitation de la canne à sucre? Le propriétaire ne pourrait-il pas, par un contrat de métayage, diviser sa terre entre un certain nombre de familles, sous la condition d'y cultiver la canne à moitié fruit? Pour réhabiliter ce genre de travail aux yeux du nègre, il faut absolument le lui présenter sous un aspect nouveau, qui ne lui rappelle en rien l'esclavage : or, tel est précisément le but qu'atteindrait ce système. Les laboureurs ne seraient plus conduits aux champs comme des troupeaux; ils travailleraient à leurs heures, suivant leurs besoins, probablement beaucoup plus et beaucoup mieux; et quand ils auraient livré au propriétaire le prix de sa location en nature, ils lui vendraient librement leur propre part, pour alimenter son moulin, désormais séparé de la culture. Déjà, dit-on, l'usage des conventions de ce genre s'introduit dans quelques colonies anglaises, et particulièrement, avec un grand succès, dans l'île de la Grenade (1).

Nos usines de sucre indigène sont des centres où viennent aboutir les produits agricoles de l'entourage, sans que le fabricant soit nécessairement cultivateur. C'est sous l'empire de telles conditions qu'elles ont fait d'immenses progrès. Les usines de sucre colonial ne peuvent-elles se placer dans des conditions analogues? Leurs procédés de fabrication appellent des réformes plus urgentes encore que l'art et les instruments aratoires. « Ces procédés sont si imparfaits, dit un voyageur officiel, qu'on est étonné qu'il soit possible d'obtenir du sucre en travaillant ainsi (2). »

Si l'on abandonnait les choses à leur propre mouvement, et si l'on ne parvenait à grouper les intérêts de la population créole, les nègres, qui ont pris goût au jardinage, en cultivant, le samedi ou le dimanche, à leur profit, le coin de terre ordinairement concédé par le maître, se livreraient exclusivement à ce genre de travail, favorable à la vie de famille, qu'ils affectionnent. Les colonies deviendraient des jardins potagers, au lieu d'utiliser leur sol et leur latitude à des productions qu'elles seules peuvent donner, les sucreries seraient abandonnées, et les planteurs ruinés. D'un autre côté, la douceur du climat multipliant peu les besoins, chacun vivrait dans sa case, étranger à tout mouvement civilisateur.

(1) Henry-James Ross, *Thoughts on the objectionable system of labour for wages.*

(2) *Notes sur les cultures et la production de la Martinique et de la Guadeloupe,* par M. P. Lavollée, inspecteur des finances; publiées par ordre du ministre de la marine. Juillet 1841.

C'est ce qui arrive, dit-on, dans les colonies anglaises ; et n'est-ce pas aussi ce que nous voyons parmi nous ? Quand la propriété est très-divisée, chacun s'isole et vit de peu, travaillant avec répugnance chez autrui, et sans participer aux besoins comme aux jouissances de la civilisation. La liberté posera nécessairement aux colonies les problèmes qui agitent l'ancien monde.

Mais nulle part l'humanité n'est faite pour s'endormir dans l'isolement ni dans le bien-être sensuel. Mieux vaut, pour accomplir sa destinée, cette fièvre d'activité, douloureuse quelquefois, mais noble et grande : la dignité humaine est le suprême bonheur des êtres intelligents.

Un publiciste que nous avons déjà cité, M. Ramon de la Sagra, dans des articles fort remarquables sur l'émancipation des noirs (1), exprime le regret que l'on n'ait point essayé de soustraire les Antilles anglaises aux maux qui résultent parmi nous de la mauvaise organisation du travail. On avait table rase, dit-il, puisqu'il s'agissait d'appliquer au travail une classe d'individus qui, n'ayant aucune habitude du salaire journalier, auraient aisément adopté un système de participation dans les profits, conforme aux principes de l'équité. Nous nous associons à son regret, et nous formons des vœux pour que l'épreuve dont il parle soit tentée aux Antilles françaises, lorsqu'on y proclamera l'émancipation. Qu'on ne s'effraye point du pas immense que l'esclave aurait à faire, pourvu qu'il eût des guides éclairés. L'expérience des devanciers ne doit-elle pas épargner des intermédiaires à ceux qui les suivent ? Peut-être quelques-unes des difficultés rencontrées par l'Angleterre sont-elles venues de ce qu'elle avait copié trop servilement le passé. La transformation générale de l'esclavage en servage, dans les contrées européennes, fut un progrès en harmonie avec l'adoucissement des mœurs. Aussi le nouvel état social subsista-t-il jusqu'à ce que les mœurs l'eussent encore une fois devancé. Mais l'Angleterre ne s'est-elle point trompée lorsqu'elle a cru pouvoir créer arbitrairement une phase transitoire en présence d'une société qui l'avait déjà franchie ?

Que la France entre en lice à son tour ; et de même qu'après avoir permis à l'Angleterre de la précéder dans la voie des réformes intérieures, elle a su en un jour la laisser loin derrière elle, et devenir un exemple pour les autres nations, peut-être elle saura conserver ce noble rôle que sa rivale elle-même semble lui reconnaître. « Je vous en

(1) *Journal des Economistes*, 1842.

supplie, disait devant une société française le secrétaire de la Société abolitioniste de Londres, je vous en supplie, retirez vos 250,000 esclaves de l'horrible condition où ils ont été placés par la cupidité ou par la tyrannie de nos semblables ! Je suis ardent à vous demander cet effort, parce que je crois que votre exemple sera plus puissant que le nôtre sur les peuples qui ont des ilotes. Ils vous suivront alors qu'ils auront refusé de nous suivre, ou qu'ils nous suivraient avec répugnance. Lorsque la France donnera la liberté à ses nègres, son exemple sera irrésistible. L'Espagne, la Hollande, le Brésil, et surtout les États-Unis en reconnaîtront promptement la puissance, et l'imiteront par amour du bien ou par crainte du mal (1). »

Quelle immense et glorieuse responsabilité pour notre pays !

CONCLUSION.

Nous croyons avoir, dans le cours de cet exposé, présenté les faits avec une sincérité à laquelle on rendra quelque justice. Ce n'est pas que notre opinion ne fût complétement formée ; mais nous croyons qu'il importe, avant tout, de dégager la vérité des voiles que les intérêts et la passion ont jetés sur elle.

Si nous avons nous-même hasardé çà et là quelques idées sur la voie que l'émancipation pourrait suivre, c'est avec une excessive réserve. Toute initiative de ce genre émanée de la métropole rencontre aux colonies d'opiniâtres résistances ; elle y est accueillie par des refus hautains ou des ajournements indéfinis.

Qu'est-il, en effet, advenu jusqu'ici des propositions mises en avant par quelques hommes honorables ? Transmises aux conseils coloniaux, pour qu'ils eussent à dire leur avis sur la valeur et sur l'opportunité de ces propositions, elles ont expiré dans les tortures d'une pareille épreuve.

L'initiative de la métropole doit procéder politiquement, en proclamant l'émancipation et en fixant son époque d'une manière irrévocable. Après une telle déclaration, rien ne s'opposerait à ce que les autorités locales fussent investies d'une assez grande latitude à l'égard des moyens de transition.

(1) Discours de M. Scoble à la Société française pour l'abolition de l'esclavage, le 9 mars 1842. Publications de la Société, n° 19.

Quand le nègre ne pourra douter de sa liberté, et qu'il commencera à en sentir les premiers bienfaits, le calme entrera dans son esprit ; il acceptera sans peine les conditions préparatoires d'un avenir assuré ; quand le colon se trouvera en présence d'un délai fatal, il favorisera l'éducation des noirs, comme un gage de sécurité pour lui-même. Les planteurs de la Jamaïque, avant le bill d'émancipation, s'étaient refusés à toute création d'écoles pour les esclaves ; aujourd'hui ils s'empressent de voter des fonds pour le même objet, persuadés que le travail libre est d'autant meilleur, qu'il est plus intelligent ; ils accordent le droit électoral aux conditions les plus modestes, parce que, sans doute, ils comprennent l'influence moralisante de la responsabilité politique.

Les colons ne sont-ils pas plus intéressés que personne à ce que le passage de la servitude à la liberté s'effectue sans perturbation ? et les croit-on assez aveugles pour ne pas aplanir eux-mêmes la route à ce char qui pourrait les écraser ? Que la justice métropolitaine exerce une rigide surveillance ; que la mère patrie soit prodigue de sa sollicitude pour les souffrances inévitables dans toute évolution sociale ; qu'elle soit prodigue de ses subsides pour l'éducation de la génération nouvelle. Mais, demeurons-en convaincus, la nécessité seule, une nécessité fatale pourra déterminer les colons à détruire de leurs propres mains cette institution monstrueuse, qu'ils considèrent comme la base de leur société, tandis qu'elle n'est pour elle qu'une menace incessante de ruine et de malheurs.

Paris.— Imprimerie de Schneider et Langrand, rué d'Erfurth, 1.

TABLE DES MATIÈRES.

Paris.—Imprimerie SCHNEIDER ET LANGRAND, rue d'Erfurth, 1.

www.ingramcontent.com/pod-product-compliance
Lightning Source LLC
Chambersburg PA
CBHW051551050726
47595CB00002B/733